Ines Witte-Henriksen

St. Germain
Die Violette Flamme
der Transformation

Erwachen zur Kraft des ICH BIN

Arbeitsbuch

Die Weiße Bruderschaft

W0278205

Ines Witte-Henriksen

St. Germain
Die Violette Flamme
der Transformation

Erwachen zur Kraft des ICH BIN

Arbeitsbuch

Die Weiße Bruderschaft

Smaragd Verlag

Haftung

Die Informationen dieses Buches sind nach bestem Wissen und Gewissen dargestellt. Sie ersetzen nicht die Betreuung durch einen Arzt, Heilpraktiker oder Psychotherapeuten, wenn Verdacht auf eine ernsthafte Gesundheitsstörung besteht. Weder Autorin noch Verlag übernehmen eine Haftung für Schäden irgendwelcher Art, die direkt oder indirekt aus der Anwendung des Inhalts dieses Buches entstehen könnten.

Bitte fordern Sie unser kostenloses Verlagsverzeichnis an:

Smaragd Verlag

In der Steubach 1

57614 Woldert (Ww.)

Tel.: 02684.978808

Fax: 02684.978805

E-Mail: info@smaragd-verlag.de

www.smaragd-verlag.de

Oder besuchen Sie uns im Internet unter der obigen Adresse.

© Smaragd Verlag, 57614 Woldert (Ww.)
Deutsche Erstausgabe 2003
Cover: Angelica
Umschlaggestaltung: Kolibri / Böhm & Partner, Koblenz
Satz: Heuchemer, Smaragd Verlag
Printed in Czech Republic
ISBN 3-934254-58-6

Inhalt

Hilarion – mein Freund und Meister

Meisteranwärter - den Alltag zu lieben,
Herzensübung „Verströme den Frieden“,
den Gott dir offenbart, dir schenkt,
Meister, der ihn in die Herzen lenkt.
Sei Spiegel des Friedens, Spiegel der Liebe,
Kraft deiner Gedanken, lenke: Friede
Sei mit euch und allen Wesen,
Friede, nichts als Friede sei in deinen Augen zu lesen.

Hilarion, für mich bist du Freund und Vater zugleich,
du öffnest mir Tore zum Himmelreich,
du bist Freund und Helfer in der Not,
aber auch strenger Lehrer, wenn es tut not.
Du breitest deine Arme aus,
ein jeder ist willkommen in deinem Haus,
wenn er nach Wahrheit und Ehrlichkeit strebt
und mutig den Weg des Herzens geht.

Mut, die eigene Wahrheit zu leben,
geführt durch dich und Gottes Segen,
finde ich eines Tages ans Ziel, ein Hoffnungsschimmer,
den Kreis der Wiedergeburt zu durchdringen – für immer.

Shakanta

Ich schreibe dieses Buch in tiefer Dankbarkeit für meinen Weg mit den Aufgestiegenen Meistern, der so reich an Erfahrungen und Erkenntnissen ist.

Mein tiefer Dank gilt meinen irdischen Begleitern: meinem Mann Klaus und meinem Hund Balu sowie meinen Eltern, die mich freiließen und unterstützten, meinen eigenen Weg zu gehen.

Ich danke Hilarion, meinem Geistführer und Vertrauenslehrer in den lichten Welten.

Ines Witte-Henriksen (Shakanta)

Zum Geleit

Im Laufe meiner Arbeit als Sprachrohr für die Aufgestiegenen Meister zeigte sich immer wieder, wie wichtig die Arbeit mit der Violetten Flamme ist. Wir brauchen uns nur umzuschauen in unserer inneren und äußeren Welt, um zu erkennen, was ganz dringend der Transformation bedarf. Mit den Aufgestiegenen Meistern zu arbeiten heißt, der Realität unverblümt ins Auge zu sehen. Wir haben keine Zeit mehr, wegzuschauen.

Wir sind als Lichtarbeiter freiwillig in diese Zeit inkarniert, um vor Ort unseren Lichtdienst zu tun. Das erfordert die Bereitschaft, sich selbst nicht so wichtig zu nehmen, zu erkennen, wo Handeln erforderlich ist, und wirklich seinen Dienst zu tun. Natürlich sollen wir uns selbst lieben, gut für uns sorgen und uns um die Erfüllung unserer Bedürfnisse und Herzenswünsche kümmern, doch darf dies nicht so viel Raum einnehmen, dass wir unseren Dienst darüber vergessen.

Wenn wir unseren Dienst freudigen Herzens tun, wird unser Herz von Dankbarkeit, Gnade und Glückseligkeit erfüllt sein. Wir wissen, wenn wir wirklich unserer Wahrheit und Bestimmung folgen, wird unser Weg geebnet sein und wir dürfen uns verabschieden von der Vorstellung, über Leiden lernen und wachsen zu müssen. Viele von uns spüren schon längst, dass wir jetzt die große Chance haben, das Ruder rumzureißen und den Weg in ein Leben in Freude und Fülle einzuschlagen. Wir haben die freie Wahl.

Jeden Tag in Freude zu beginnen, die Fülle eines jeden Tages zu genießen und den Erkenntnisreichtum, der in einem einzigen Tag verborgen ist, mit Freude zu enthüllen, – das könnte unser Alltag sein. Aus unserer Freude am Dienen erwächst das Vertrauen, dass in jedem Moment unseres Lebens gut für uns gesorgt ist. Das wiederum hilft uns loszulassen, um uns zu jenem leeren Gefäß zu machen, durch das die lichten Kräfte einströmen können, um für uns und durch uns zu wirken.

Gott will, dass es uns gut geht. Gott will, dass sich unsere Herzenswünsche erfüllen, denn sonst hätte er sie nicht in unser Herz gelegt. Alles, was ist, dient. Nichts, was uns mitgegeben wurde, ist umsonst. Alles dient. Wir müssen nur das Geschenk darin erkennen.

Sind es nicht oft unsere Herzenswünsche, die uns vorwärtsgehen lassen? Mutig nehmen wir eine Hürde nach der anderen, bereit, Gottes Willen zu tun. Doch nicht immer ist sein Wille sofort erkennbar. Auch sind wir nicht immer bereit, seinen Willen anzunehmen und unseren Willen mit Gottes Willen in Übereinstimmung zu bringen. Meist können wir ihn dann nicht akzeptieren, wenn wir etwas, was wir uns sehnlichst wünschen, nicht sofort bekommen. Hab Vertrauen! Entweder ist für dich etwas Besseres vorgesehen, oder es geht darum, die Tugend der Geduld zu erfahren!

Geduld ist neben Vertrauen eine der beliebtesten Prüfungen der Aufgestiegenen Meister. Manchmal höre ich sie schallend lachen, wenn ich mir hier unten einen abzappele, um etwas Bestimmtes zu erreichen und es mir nicht gelingt, weil es nur darum geht, geduldig abzuwarten, bis die Dinge sich von selbst entfalten. Ja, auch das hat mit Vertrauen zu tun.

Das Geschenk der Violetten Flamme wird uns von dem Aufgestiegenen Meister St. Germain gegeben, um es sowohl für unseren persönlichen Wachstumsweg als auch für das Allgemeinwohl der Menschheit einzusetzen. Aber es geht nicht nur um das Wohl der Menschen, sondern es geht auch um das Wohl der Tiere und Pflanzen und all der lieben, feinstofflichen Wesen, die in demütiger Hingabe unermüdlich ihre

Dienste tun. Es geht um die Heilung des Planeten Erde und um Frieden in der Welt. Wann immer jemand beginnt, für seinen eigenen Frieden zu wirken, gehen diese Friedensschwingungen in das Kollektivbewusstsein der Menschheit ein und bringen dort die Saite der Friedensharfe zum Klingen.

Je mehr Menschen sich dieser Friedensarbeit anschließen, desto stärker wird die Saite ins Schwingen gebracht und der Ruf der Friedensharfe erreicht die Herzen der Menschen, die für diese Botschaft offen sind.

Den Menschen, die zum Einzelchanneling oder zur Meditation mit den Aufgestiegenen Meistern zu mir kommen, wird oft das Instrument der Violetten Flamme an die Hand gegeben, damit sie es für sich und andere sinnvoll nutzen können.

Dabei habe ich die Beobachtung gemacht, dass es ihnen in meiner Anwesenheit leicht fällt, mit der Flamme zu arbeiten, es jedoch Schwierigkeiten in der Umsetzung des Wissens gibt, wenn sie damit alleine sind.

So entstand die Idee, ein praktisches Buch über die Violette Flamme zu schreiben.

Dieses Arbeitsbuch soll zum einen Anregungen zum Gebrauch der Violetten Flamme geben und zum anderen dazu ermutigen, von der Flamme im Alltag regen Gebrauch zu machen.

Es ist mein Herzenswunsch, das Wissen der Meister in einer praktischen Form zu vermitteln, so dass es ein Leichtes ist, ihre Hilfe im Alltag zu nutzen.

Ich möchte an dieser Stelle Vicky Wall, die Begründerin von Aura-Soma, zitieren, die einst sagte: „Hüte dich davor, so himmlisch zu werden, dass du auf der Erde nutzlos bist.“

Möge dieses Buch Brücke zwischen Himmel und Erde sein und dazu beitragen, dass die Violette Flamme als Instrument der Heilung, des Friedens und der Transformation auf Erden wirklich genutzt wird.

Mögest du die göttliche Gnade erkennen, die in diesem Geschenk liegt.

Ines Witte-Henriksen

Die Violette Flamme der Transformation

ICH BIN die Violette Flamme,
ich wandle um, was du mir gibst.

ICH BIN die Kraft der Vergebung,
auf dass die Liebe siegt.

ICH BIN die Kraft der Freiheit
auf deinem Weg zur Einheit.

ICH BIN, das ICH BIN.
ICH BIN, das ICH BIN
ICH BIN, das ICH BIN.

☆☆☆

Ich bin die Heilige Amethyst, und ich grüße euch aus den lichten Reichen der Aufgestiegenen Meister. Ich bin die Energie, die die Violette Flamme beseelt. Ja, geliebte Freunde, die Violette Flamme ist nicht irgendeine Flamme. Sie ist ein Wesen, mit dem ihr kommunizieren und kooperativ arbeiten könnt. So seht sie mehr wie eine Freundin, die euch auf dem Lichtweg begleitet, allzeit bereit, euch größte Lichtdienste reinigender und transformierender Art zu leisten. Manchmal werdet ihr ihre Energie, ihr in allen Schattierungen pulsierendes, violettes Licht als sehr sanft empfinden, manchmal wird es euch so mächtig vorkommen, dass ihr nur höchsten Respekt vor diesem Instrument empfinden werdet.

Respekt meint Hochachtung, und diese Hochachtung ist es, die ich meinem geliebten Freund St. Germain und allen, auf dem violetten Strahl dienenden Wesen entgegenbringe. Ich bin diese Hochachtung in dem Wissen, dass es Gnade ist, diesen liebevollen, hingebenden Dienst für die Menschen, Tier- und Pflanzenreiche, für unsere geliebte Mutter Erde zu tun.

Es gibt so viel zu tun, und es erfüllt mich mit großer Traurigkeit, wie ihr Menschen mit dem Geschenk des Lebens umgeht. Es erfüllt mich mit Sorge, dass das Herz so oft erst dann gehört wird, wenn der Intellekt nicht mehr weiter weiß. Das Herz zu leben ist so einfach, und doch macht ihr es euch vielfach so schwer. Innezuhalten, um das Herz zu hören, um die ganz persönlichen Wünsche und Bedürfnisse, die oft so einfacher Natur sind, wahrzunehmen und zu erfüllen – was ist denn so schwer daran? Nur wer weich mit sich selbst ist, nur wer verstanden hat, dass Weichheit und Fließen wichtigste Aspekte auf der Erdenreise sind, ist wirklich fähig, sich bedingungslos hinzugeben. Und das verlangen wir von euch.

Ist es denn zuviel verlangt, sich täglich für das eigene Herz ein wenig Zeit zu nehmen? Wenn du gerne schreibst, so schreibe doch jeden Tag einige Zeilen; wenn du gerne singst, so singe jeden Tag ein Lied, und diese Schwingungen des „Ich lebe mein Herz“ speisen dann das Kollektivbewusstsein, und die Energie, die auf die Erde zurückströmt, wird mehr und mehr Menschen dazu ermutigen, ebenfalls ihr Herz zu leben. Ist das nicht wunderbar?

Egoistisch betrachten die Menschen zuviel sich selbst und ihre kleine, ach so begrenzte, selbst geschaffene Welt; betrachten häufig argwöhnisch ihr Umfeld, verschanzt hinter den Mauern, die sie um ihr Herz gebaut haben, und haben Angst, sich dem anderen zuzuwenden; Angst, verraten, verlacht, nicht ernst genommen zu werden.

Nun seid ihr, geliebte Freunde, die Vorreiter, die Pioniere. Lebt es vor, was ihr gelernt habt. Lebt die Liebe. Lebt die Hinwendung zum Nächsten. Habt Mut, euer Herz zu leben. Und wenn es da Ängste gibt, dann ruft die Violette Flamme, übergebt ihr eure Ängste und geht weiter. Ihr seid so verletzlich in eurer Sensibilität, und je weiter ihr auf dem Lichtweg voranschreitet, um so sensibler werdet ihr sein, um so deutlicher werdet ihr auch ungute Schwingungen wahrnehmen können, die ihr dann bitte sofort dem heiligen Feuer übergeben mögt. Wir wissen um eure Sensibilität, ist es doch gerade diese Feinfühligkeit, die uns den Kontakt mit euch ermöglicht. Wir sehen euer Licht, helfen euch, wo wir können und dürfen, doch natürlich wachst ihr an den Herausforderungen des Lebens, und so wäre es nicht Liebe, euch diese abzunehmen, denn dann wäre Wachstum nicht mehr möglich und Stillstand die Folge.

Mit der Violetten Flamme beschleunigt ihr euer Wachstum enorm und werdet mehr und mehr in tiefere Schichten eures Seins vordringen. Natürlich wachsen damit die Anforderungen, doch ihr werdet auch die Liebe der geistigen Welt tiefer spüren können, denn oft macht euch gerade diese Liebe noch sehr viel Angst. Mit Schmerzen umzugehen, habt ihr gelernt. Da fühlt ihr euch sicher. Doch mit dieser tiefen Liebe in Berührung zu kommen, bedeutet für viele von euch, Neuland zu betreten. Dies kann auch einhergehen mit dem vorübergehenden Gefühl von Einsamkeit, von „Ich bin allein." Doch dieses Gefühl wird von der Violetten Flamme in das Gefühl, mehr noch, in das tiefe Wissen und Empfinden von ICH BIN alleins. ICH BIN eins mit „allem-was-ist" verwandelt.

Dieser Transformationsprozess geht einher mit einem tieferen Vertrauen in das Leben selbst, mit dem Gefühl, in Gott geborgen zu sein, beschützt von den Engeln, unterstützt von Erzengeln, Aufgestiegenen Meistern und anderen lichtvollen Wesen. In diesem Transformationsprozess begleiten euch auf der Ebene der Erzengel Zadkiel als Hüter der Violetten Flamme sowie der Erzengel Uriel, der sich angeboten hat, hierbei mitzuwirken und die erforderliche irdische Kraft bereitzustellen.

So fühlt euch bitte eingebunden in ein Sicherheitsnetz aus Licht, an das zu glauben ich euch innigst bitten möchte, in dem Wissen, dass nicht immer alles nach dem Plan verläuft, den euer Kopf sich zurechtgelegt hat.

Befragt euer Herz!

Ich bin mit all meiner Liebe da.

Ich umarme euch mit all der Liebe Gottes, auf eure Ebene transformiert durch die Engel und Aufgestiegenen Meister, damit ihr spüren möget, dass ihr vielgeliebt seid.

Heilige Amethyst

Der siebte Strahl

Der siebte Strahl ist der violette Strahl der Aufgestiegenen Meister. Verantwortlich für diesen Strahl ist der Aufgestiegene Meister St. Germain, der gemeinsam mit dem Meister Kamakura, der Meisterin Kwan Yin, dem Elohim Arkturus, der Heiligen Amethyst und dem Erzengel Zadkiel diesen Strahl lenkt. So wie jeder Aufgestiegene Meister bestimmte Schwerpunktthemen in seiner Arbeit hat, für die wir seine Unterstützung erbitten können, beschäftigt sich dieser Strahl mit der Kraft der Transformation und Umwandlung, mit dem Thema Freiheit und Befreiung von karmischer Belastung, mit den Tugenden der Barmherzigkeit und Gnade und mit der befreienden Kraft der Vergebung und Hingabe.

Es geht hier auch um die Transformation egoistischer Wesenszüge, die dem Erreichen unserer höchsten Lebensziele nicht mehr dienlich sind. Immer wieder sind wir aufgerufen, Innenschau zu halten und uns auf egoistische Motive zu überprüfen, die uns davon abhalten, unseren Willen in die Übereinstimmung mit dem göttlichen Plan zu bringen. Das bedeutet nicht, dass wir dafür unseren Willen vollkommen aufgeben sollen, sondern es geht um die Erkenntnis, dass Gott oder die universale Quelle der Kraft, des Lichts und der Liebe immer das Beste für uns will und dass die göttliche Kraft immer zum Höchsten strebt.

So geht es bei der Arbeit mit dem violetten Strahl und der aus diesem Strahl entspringenden Violetten Flamme um die Entfaltung des höchstmöglichen Potenzials, das wir in uns tragen. Jeder Einzelne hat die Möglichkeit, diese Energie zu nutzen, um sich von unnützem Ballast zu befreien. Die Energie, die in diesem Ballast gebunden war, wird durch die Transformationsarbeit mit Hilfe der Violetten Flamme in eine Energie umgewandelt, die unser Wachstum fördert, indem sie die Entfaltung der in uns angelegten Qualitäten unterstützt.

Interessanterweise halten sich Menschen oft in engen Grenzen auf, die sie selbst gesetzt haben, weil ihnen dieses Potenzial und diese Kraft, die sie in sich tragen und von der sie zumeist eine vage Ahnung haben, großes Unbehagen bereitet. Da ist eine gewisse Angst vor dem Unbekannten, eine gewisse Angst vor der Weite und Freiheit, und vielleicht ist es jetzt an der Zeit, dieser Angst freundlich ins Gesicht zu lächeln, sie anzuerkennen und anzunehmen, ihre Botschaft zu verstehen und sie kraft der violetten Strahlung umzuwandeln.

Die Arbeit mit dem violetten Strahl erfordert Mut zur Wandlung. Und auch das fällt oft nicht leicht, will doch der Verstand so gerne kontrollieren, weil er glaubt, dass in der Kontrolle und auch in der Begrenztheit eine Sicherheit liegt, die uns vor den vermeintlichen Gefahren des Lebens beschützen kann. Die Sicherheit, die wir suchen, liegt in uns selbst. Wir finden sie nicht im Außen. St. Germain lädt uns ein, sich auf den Weg nach innen zu machen und die violette Strahlung zu nutzen, um sich selbst zu ergründen und das umzuwandeln, was nicht mehr stimmt.

Die Farbe Violett ist die Farbe der Spiritualität, die Farbe unseres Kronenchakras, über das wir uns einstimmen und unser Instrument Körper stimmen können, um im Orchester der göttlichen Symphonie harmonisch mitzuwirken. Je mehr wir uns befreien, umso näher kommen wir der Aufgabe, die wir uns für dieses Leben vorgenommen haben, der sogenannten Lebensaufgabe. Jede kleinste Station auf dem Weg, um diese Aufgabe zu finden und sie zu erfüllen, ist wichtig und beachtenswert. Alles hat seinen Sinn. Alles, was uns begegnet, haben wir inszeniert, um daran zu wachsen.

Violett ist auch die Farbe der Heilung, die aus der Transformationsarbeit entsteht. Es ist die Farbe des Dienstes, und zwar in dieser Inkarnation des Dienstes auf und für den Planeten Erde. Vielleicht hast du noch das Gefühl, nach Hause zu wollen. Dein Zuhause ist jetzt hier und gleichzeitig in den lichten Reichen. Lichtarbeiter zu sein bedeutet, die Verpflichtung eingegangen zu sein, den „Himmel auf die Erde zu holen", also das Wissen, das du in dir trägst, dein Potenzial, Gewinn bringend zum Wohl der Gemeinschaft allen Lebens hier auf der Erde einzusetzen. Alle damit verbunden Ängste kannst du selbst mit Hilfe der Violetten Flamme transformieren. So ist Violett auch die Farbe der Ganzwerdung, der Vermählung des Männlichen und des Weiblichen, der Vereinigung von Himmel und Erde in dir.

Die göttliche Quelle des ICH BIN

Du, der/die du dieses Buch liest, möchtest Meisterschaft erlangen über die Kraft deines ICH BIN.

So ist dieses Buch eine Einführung in das Instrument der Violetten Flamme, und es ist mir eine große Ehre, dass ich Lehrerin für dich sein darf. Ich freue mich, dass mir über dieses Buch die Möglichkeit gegeben wird, das Instrument der Violetten Flamme einer großen Gruppe von Lichtschülern zugänglich zu machen. Denn vielen von euch ist der Begriff *Violette Flamme* oder *Flamme der Transformation* oder auch *Violettes heiliges Feuer* bekannt, jedoch kommen oft aus den Reihen der Menschen, die sich für die Zusammenarbeit mit uns qualifiziert haben, Fragen zu ihrer Anwendung. Vielleicht gefällt dir dieses Wort nicht, doch es ist tatsächlich so, dass wir genau überprüfen, wen wir in die Arbeit mit den von uns gegebenen Instrumenten einweihen. Es setzt eine gewisse Achtung vor Allem-was-ist voraus. Und es setzt voraus, dass du wirklich bereit bist, die volle Verantwortung für dein Leben zu übernehmen. Denn die Violette Flamme ist mächtig, ein Instrument, vor dessen Missbrauch ich dich an dieser Stelle eindringlich warnen muss. Niemals setze es leichtfertig ein, niemals dann, wenn jemand es nicht möchte oder deine innere Stimme dich ermahnt, es zu unterlassen. Du kannst mit der Violetten Flamme keinen Schaden anrichten, doch solltest du dir stets bewusst sein, dass alles, was du aussendest, auf dich zurückfällt. Achtest du aber den freien Willen einer anderen Kreatur nicht, so wird dir das gleiche widerfahren. Sei dir dessen immer bewusst. Was du aussendest, das kehrt zu dir zurück – immer. So liegt eine große Verantwortung in dem ICH BIN, die Verantwortung der reinen Absicht, die Verantwortung, dein Wollen in die Übereinstimmung mit dem Willen des Schöpfers zu bringen, deinen Dienst in den gesamten Schöpfungsplan zu stellen und damit einhergehend die Transformation deiner egoistischen Motive zu vollziehen. Verstehe mich bitte richtig. Es ist nichts Schlechtes daran, ein Ego zu haben, denn das Ego ist die treibende Kraft in deinem Leben, die dich danach streben lässt, die von dir gesetzten Ziele zu erreichen. Doch sollen eben diese Ziele neben deinem persönlichen Wohl dem Allgemeinwohl dienen und so formuliert sein, dass du niemandem Schaden zufügst. So konzentrieren wir uns in der Arbeit mit der Violetten Flamme auf die Transformation der sogenannten niederen Gedanken, Motive und Emotionen, damit dein Licht noch reiner erstrahlt und deine wahre ICH BIN – Kraft mehr und mehr in deinem Leben zum Ausdruck kommt.

Kommen wir nun zu der Kraft der Gedanken, zu ihrem Nutzen und zu ihrem Schaden, wobei dir klar sein sollte, dass alles, was du denkst, im Alles-was-ist Energie in Bewegung setzt. Was denkst du im Moment? Denkst du Gedanken wie etwa „Lese ich jetzt weiter, oder hole ich mir zunächst einen Becher Kaffee?“ Nun, tu es. Folge deinem Gedanken, so wirst du viel darüber erfahren, wer du im Moment bist, denn ich spreche zu dir, um dir dein ICH BIN näherzubringen. Dein ICH BIN ist dein Ursprung, es ist deine Verbindung zur göttlichen Quelle der unendlichen Liebe, der unendlichen Fülle, der Weisheit, die in Allem-was-ist wohnt.

☆☆☆

Nun eine kleine Übung für die kommenden sieben Tage:

Notiere dir über den Zeitraum von sieben Tagen täglich all jene Gedanken, die hinter dem ICH BIN folgen, zum Beispiel

ICH BIN ... zu dick, zu dumm, nicht weise genug, abhängig, unzufrieden mit meinen Fortschritten, ...

Dann, nach sieben Tagen, nimm dir Zeit, um alle deine Aufzeichnungen in Ruhe durchzulesen. Markiere die Gedanken, die du fortan nicht mehr denken willst. Wandele sie um, zum Beispiel:

ICH BIN ... schlank, klug, weise, frei, zufrieden mit mir und meinen Fortschritten ...

Arbeite weitere sieben Tage mit den neuen Glaubenssätzen. Spüre die Stärkung deines ICH BIN, die daraus erwächst, dass du aufbauende Gedanken denkst.

Du stärkst also dein ICH BIN, indem du hinter dem ICH BIN aufbauende Gedanken folgen lässt.

Nehmen wir das Bild eines Ackers. Du bist Bauer und möchtest auf deinem Feld Kartoffeln anbauen. Du kaufst dir die entsprechende Saat für Kartoffelpflanzen (es ist wichtig, dass es Kartoffelpflanzen sind, um das zu ernten, was du ernten möchtest, nämlich Kartoffeln, und nicht etwa Bohnen!). Du bringst die Saat auf das Feld.

Bereits nach ein bis zwei Wochen siehst du, wie kleine Pflänzchen das Tageslicht erblicken. Du freust dich, dass es so schnell geht und siehst bereits die reiche Ernte vor deinem inneren Auge. Dann trittst du näher und erschrickst: Das ganze Feld ist übersät mit Unkraut, das die Kartoffelpflänzchen im Keime zu ersticken droht.

Um die Ernte zu retten, machst du dich daran, jedes kleinste Unkrautpflänzchen herauszuzupfen. Die Kartoffelpflänzchen bekommen wieder Raum, um zu wachsen.

Nun, warum wähle ich dieses Beispiel? Die Kraft der Gedanken ist stark. Sieh dich um. All das wurde durch die Gedanken der Menschen erschaffen, alles Schöne, aber auch Kriege, Vergewaltigung, Luftverschmutzung, Mord und Totschlag. Würden sich die Menschen Gedanken über das machen, welche Ernte sie erzielen und welches Ergebnis sie erreichen wollen, würden sie innehalten, ihre Gedankengänge ändern und eine andere Tat folgen lassen – möglicherweise. Denn das setzt voraus, dass der Mensch sich seiner Handlungen bewusst ist, dass er über seine Gedanken reflektiert und sich Gedanken darüber macht, dass das Leben nicht mit dem Tod zu Ende ist, sondern er im Anschluss an das physische Leben die notwendige Erkenntnisarbeit zu leisten hat und zwangsläufig mit den Konsequenzen leben muss. Hat er sehr viel Schaden angerichtet, sich als ein Unmensch erwiesen oder Ähnliches, so wird er zu dem Schluss kommen, um eine erneute Inkarnation zu bitten, um wieder gutzumachen und die Bilanz auszugleichen.

Ich möchte euch nahe bringen, dass *Gedanken – Worte – und Taten* miteinander übereinstimmen müssen, um ein bestimmtes Ergebnis zu erzielen.

So kommen wir also zur nächsten Übung, die zeitgleich mit der ersten erfolgen kann.

Beobachte deine Worte und Taten. Stimmen sie wirklich mit dem überein, was du denkst? Folgst du deiner Wahrheit oder lässt du dich leiten von unbewussten oder bewussten Mustern des „Ich will geliebt sein"? Was tust du aus dir selbst heraus, weil es in Übereinstimmung mit deiner Wahrheit ist? Was tust du, um zu gefallen?

Überprüfe es. Beobachte dich im Alltagsgeschehen, beobachte deine Gedanken, Worte und Taten. Bringe sie in die Übereinstimmung. Mache lieber einmal zu wenig als zu viele Worte. Habe einmal den Mut, dich unbeliebt zu machen, denn das kann durchaus die Folge sein. Sei bereit, deine Wahrheit zu leben.

Das obige Beispiel soll dir deutlich machen, dass es wirklich wichtig ist, welches Saatgut du verwendest. Und es zeigt auch die Notwendigkeit, den Boden zu bereinigen, auf dem die Saat gedeihen soll. In der

Arbeit mit unserem ICH BIN verwenden wir durchaus Elemente des positiven Denkens, indem wir uns das Ergebnis, das wir erreichen wollen, derart vorstellen, als hätten wir es bereits erreicht und würden es in vollen Zügen genießen. Immer wieder gehen wir in ein Loslassen des Gewünschten. Damit drücken wir aus, dass wir durchaus bereit und offen dafür sind, dass es im Einklang mit dem Göttlichen eine noch bessere Lösung gibt. So stellen wir unseren Willen unter den Willen des Vaters, nicht im Sinne einer Hierarchie, sondern im Sinne der Akzeptanz einer höheren Ordnung, deren Teil wir sind, im Sinne einer demütigen Haltung der Hingabe an den Fluss des Lebens und in Erinnerung an den optimalen Lebensplan, den wir uns einst vor unserer Inkarnation vorgenommen haben.

So geben wir Meister dir Impulse, sorgen für die notwendigen Begegnungen und auch dafür, dass dich die erforderlichen Informationen zur rechten Zeit erreichen. Nur, du bist die Person, die ihre Bitte an uns herantragen muss. Dann dürfen wir helfen.

Die göttliche Quelle des ICH BIN versorgt dich mit allem, was du brauchst. Doch lerne wieder, wirklich von Herzen zu bitten. So oft sind deine wahren Herzenswünsche noch verschleiert und dein Verstand glaubt, bestimmte Dinge zu brauchen, um glücklich sein zu können, zufrieden zu sein, abgesichert zu sein.

Die Arbeit mit deinem ICH BIN erfordert von dir Mut, Mut zum wahren Sein, Mut auch, sterben zu lassen, was überholt und veraltet ist.

Das Arbeiten mit der Violetten Flamme der Transformation setzt voraus, dass du bereit bist, wirklich loszulassen. Alles Transformierte darf weder durch das gesprochene Wort noch durch deine Gedankenkraft zurückgeholt werden. Das ist schwierig – ich weiß.

In dem Maße, in dem du dir deiner göttlichen ICH BIN – Kraft bewusst wirst, wächst auch die Verantwortung, die du für deine Gedanken, Worte und Taten übernimmst. Sei dir dieser großen Verantwortung bewusst. Ich betone es noch einmal, habe ich mich doch verpflichtet, für meine Schüler gerade zu stehen, ihre Lernschritte zu überwachen und zu korrigieren, wo Hilfe von Nöten ist. Doch wir – und das gilt ausnahmslos für alle Aufgestiegenen Meister – erwarten von euch ein hohes Maß an Eigenleistung und Eigenverantwortung, wollt ihr doch aufsteigen und dem Lichte dienen. Ihr könnt dann niemanden fragen, ist dies richtig oder falsch, soll ich das Problem so oder so lösen. Dann steht ihr wirklich allein und für alles gerade. Nun, das soll dich nicht abschrecken, nun mit der Transformationsarbeit zu beginnen, und dennoch sind diese strengen Worte vonnöten, damit du bei deiner Wachstumsarbeit wachsam bist und versuchst, unnötige Fehler zu vermeiden.

Schule deine Konzentration. Lerne, mit all deiner Aufmerksamkeit wirklich bei einer Sache zu sein, während du dir gleichzeitig über die Gedankenkraft des ICH BIN deiner Göttlichkeit bewusst bist. Wenn du also Käse schneidest, so schneide Käse, wenn du eine Mahlzeit einnimmst, so nimm diese mit Aufmerksamkeit auf dein göttliches ICH BIN ein. Wie oft bist du mit deinen Gedanken beim Gestern und beim Morgen, während Sorgen dein Gemüt trüben?

Wir machen eine kleine Übung. Ach, da taucht die Frage aus den Reihen der Schüler auf: „Wie lade ich einen Aufgestiegenen Meister ein?" Ich werde einfach die Gedanken einiger Leser abrufen, um auf möglichst viele Fragen Antwort zu geben.

Nun, zunächst einmal ist es wichtig, dir ins Bewusstsein zu rufen, dass die Meister mit ihren verschiedenen Aufgabengebieten Spiegel deiner eigenen Göttlichkeit sind. Es sind Energien, die dich dabei unterstützen, den Meister in dir zu finden und dich zu dem vollkommenen

Wesen zu entwickeln, das du bist. Verstehe sie als Freunde im Licht, die sich darauf freuen, von dir angerufen zu werden. Du tust dies durch eine einfache Bitte, zum Beispiel: „Hilarion, bitte unterstütze mich dabei, meine eigene Wahrheit zu finden und diese zu leben.“ Oder durch Anrufung, zum Beispiel: „St. Germain, ich rufe dich an meine Seite, um mir das Wesen der Violetten Flamme näher zu bringen.“ Finde deine eigene Formulierung. Sprich mit uns in deiner dir eigenen Sprache. Wähle nicht eine Formulierung, die nicht zu deinem Wesen passt, sondern sprich frei von Herzen.

Oh, noch eine Frage! Nun gut, dann verschieben wir die Übung ein wenig. Was macht einen Meister aus?

Ein Meister lebt aus seinem Herzen heraus, folgt bedingungslos der erkannten Wahrheit. Er stellt seinen Dienst vollkommen in den Willen Gottes und dient den Menschen aus Liebe. Das kann auch Strenge bedeuten, denn Streicheln ist nicht immer angesagt. Ein Meister lobt seinen Schüler, er führt, doch er lässt frei, ähnlich wie du ein Kind an die Hand nimmst, das Laufen lernt und es loslässt, damit es seine ersten eigenen Schritte machen kann. So tragen wir unsere Schüler nicht, sondern wir lenken, geben Hilfe zur Selbsthilfe. Ein Meister ist erwacht.

Er ist sich in jedem Moment der eigenen Göttlichkeit bewusst wie auch der Göttlichkeit der gesamten vollkommenen Schöpfung. Ein Meister lebt im Bewusstsein der Fülle, weiß er doch um die Vollkommenheit der göttlichen Quelle, die Alles-was-ist speist. Ein Meister erfüllt seinen Dienst in Freude und Hingabe. Er hat gelernt und verstanden, dass der göttliche Wille immer das Beste für uns bereithält, und dass diese Hingabe und der Dienst im Einklang mit dem göttlichen Plan Glückseligkeit sind. So konnte ein Meister in diesem Erkennen sein Ego sterben lassen, um vollkommen mit Gott zu verschmelzen.

Gut, noch eine dritte Frage: Darf ich auf einen Meister schimpfen, oder werde ich dann von ihm bestraft.

Nun, dir würde ich empfehlen, mit dem Instrument der Violetten Flamme (s.u.) an dem Thema „Autoritätshörigkeit“ zu arbeiten und auf einen Meister zu schimpfen, wann immer dir danach ist.

Wir Meister sind unter euch Menschen, so wie Gott in jedem Menschen ist. Ihr Schüler seid Lernende, habt oft noch nicht die Übersicht über euren Lebensplan und versteht demzufolge unsere Hilfestellung so manches Mal nicht sofort. Doch wenn ihr später zurückschaut, werdet ihr erkennen, dass es genau die richtigen Impulse waren, die die Meister gaben. Wichtig ist, dass der Schüler sich der Freiheit seines Willens jederzeit bewusst ist. Du selbst entscheidest, ob du die Impulse und Empfehlungen annimmst oder nicht. Du bist in jedem Moment deines Lebens frei.

Nun, genug der Fragen.

☆☆☆

Grundübung zum ICH BIN

Suche einen ruhigen Ort auf. Mache es dir bequem, im Sitzen oder im Liegen. Atme tief und ruhig. Konzentriere dich für fünf bis zehn Minuten auf die Gedankenenergie I C H B I N.

Atme das ICH BIN in jede Zelle deines Seins, in deinen physischen Körper und in deine feinstofflichen Körper.

Erlaube dann, dass aus der Tiefe deines Herzens aufbauende, erhebende Eigenschaften auftauchen. Formuliere sie in der Kraft des ICH BIN.

Zum Beispiel

- *„ICH BIN mir meiner Göttlichkeit bewusst."*
- *„ICH BIN Liebe, Lachen, Freude."*
- *„ICH BIN Gnade."*
- *„ICH BIN Glückseligkeit."*
- *„ICH BIN Vollkommenheit und Güte."*
- *„ICH BIN Vergebung."*
- *„ICH BIN ein liebendes Herz."*
- *„ICH BIN großzügig."*
- *„ICH BIN mutig, meine Wahrheit zu leben."*
- *„ICH BIN Meister meiner Gedanken." ...*

Beende die Übung nach circa zwanzig Minuten. Spüre nach. Spüre die erhebende Kraft deines ICH BIN.

Ich beantworte noch eine weitere Frage: Bedeutet erheben „sich über andere zu erheben“?

Nein. Erheben bedeutet die Transformation niedrig = langsam schwingender Energien und der damit verbundenen Anhebung deines Energieniveaus. Es bedeutet also nicht, dich über andere zu erheben, wie es teilweise in esoterischen Kreisen zu beobachten ist, sondern wenn du deinen Dienst tust, dann tust du ihn wertfrei in dem Anerkennen und der Lobpreisung und Segnung des Göttlichen in jedem Menschen.´

Gedankenenergie: Ich segne das Göttliche in dir.
Ich lobpreise Gott in dir.
Ich anerkenne deine Wahrheit als ein Ausdruck des göttlichen Wesens, das du bist.

Wenn du das Göttliche in jedem Menschen siehst, begibst du dich auf eine Ebene, die frei von Bewertung ist.

Damit unterlässt du jegliches Gerede über andere Menschen, was sehr zur Klärung der Atmosphäre in der geistigen Ebene der Gedanken beiträgt und verhindert, dass neues Karma geschaffen wird.

Mache nun einen Spaziergang in der Natur in der Gedankenenergie des ICH BIN. Sieh die Vollkommenheit der Schöpfung Gottes in jedem einzelnen Grashalm, in jedem Tier, in jedem Baum, in jeder Pflanze. Sei der Grashalm, sei das Tier, sei der Baum, sei die Pflanze. Du bist frei.

Sieh das Bild einer Quelle vor dir, einer Quelle, die die gesamte Schöpfung mit der Liebe und Gnade Gottes erfüllt. Wenn du magst, singe dein ICH BIN.

Singe:

I AM   I AM   I AM   the tree, the rose, the butterfly ...

ICH BIN   ICH BIN   ICH BIN   der Baum, die Rose, der Schmetterling ...

In deiner eigenen Melodie. Singe von Herzen.

Werte nicht. Sondern s e i !

So sei es.

In Liebe und göttlicher Segnung und in der Lobpreisung deiner Einzigartigkeit.

St. Germain

Die Violette Flamme in Tätigkeit

Ich möchte dir nun das Instrument der **Violetten Flamme** vorstellen. Sei dir bewusst, geliebter Lichtschüler, dass du jetzt die verantwortungsvolle Aufgabe übernimmst, Lenker der Violetten Flamme zu sein. Bevor du mit der Transformationsarbeit beginnst, überprüfe dich selbst auf deine reinen Motive, auf die Absicht, mit der du die Violette Flamme einsetzt. Es ist ein Instrument der Gnade, der Liebe, des Friedens, der Heilung, und die Heilige Amethyst wacht demütig über den richtigen Einsatz. Es schmerzt sehr, gerade auch in den esoterischen Kreisen so viele egoistische Menschen zu sehen, die tagtäglich die einfachen Regeln des menschlichen Miteinanders missachten. Wo ist euer Mitgefühl, wo eure Verantwortung für das gesprochene Wort?

Mit dem Einsatz der Violetten Flamme übernimmst du wieder Verantwortung für das gesprochene Wort. Je mehr du dieses Instrument einsetzt und je mehr du dadurch auf deinem Lichtwege voranschreitest, umso stärker wird deine Kraft und umso schneller bekommst du das Echo für deine Energieaussendungen über Gedanken, Worte und Handlungen zu spüren. So wirst du im Laufe der Zeit sehr schnell merken, wann dir ein Fehler unterlaufen ist. In den meisten Fällen kannst du diesen Fehler wieder durch Einsichtnahme, der daraus resultierenden Erkenntnis und den nachträglichen bereinigenden Einsatz des heiligen violetten Feuers korrigieren; doch das sollte dich nicht davon abhalten, eine tausendprozentige Sorgfalt walten zu lassen. Ja, in der Tat, es ist ein arbeitsreicher Weg, und die Arbeit wird nicht weniger werden – im Gegenteil. Dein Einsatz, geliebter Lichtschüler, wird dringend gebraucht. Umso wichtiger ist es mir, dir dieses wertvolle Instrument in Form von praktischen Übungen vertrauter zu machen, hast du doch des öfteren von der Violetten Flamme gehört und vielleicht doch nicht so recht gewusst, wie du dich ihrer wertvollen Unterstützung bedienen kannst.

Es wird eine Abfolge von Übungen geben, die von Übung 1 bis Übung 7 in ihrem Schwierigkeitsgrad ansteigen, wobei 1 die leichteste und 7 die schwierigste Übung ist. Diese Übungen können durchaus miteinander kombiniert werden, wenn du erst einmal die nötige Sicherheit erlangt hast.

Jede Übung beginnt mit dem Hinweis: *Begib dich in Meditation.* Das meint folgendes und wird an dieser Stelle nur einmal erklärt:

Suche einen Ort der Stille auf. Mach es dir auf einem Stuhl oder einem geeigneten Meditationskissen bequem. Spiele leise Hintergrundmusik oder meditiere still. Webe ein Lichtnetz / Lichtgewand um dich herum. Gib ihm eine Farbe oder lass es reinweiß erstrahlen. Wenn eine bestimmte Farbenergie wichtig ist, so wird es entsprechend mitgeteilt. Lade den Meister / die Meisterin, mit dem / der du meditieren willst, ein. Und zwar wie einen Freund oder eine Freundin im Licht. Lade außerdem deinen Schutzengel ein und alle jene Freunde, die in den Reichen des Lichts deinen irdischen Weg begleiten.

Verbinde dich nun mit Mutter Erde, indem du dir vorstellst, wie aus deinen Fußsohlen Lichtwurzeln in die Erde hineinwachsen. Über deinen Atem nimmst du die hilfreichen, kraftvollen Energien von Mutter Erde auf. Mit jedem Einatmen verstärkst du den Lichtkontakt, mit jedem Ausatmen lässt du alles los, was von dem einströmenden Licht gereinigt wurde. Das Licht füllt deine unteren Chakren.

Lade nun dein Höheres Selbst ein, dich mit deiner ICH BIN – Kraft zu verbinden. Spüre seine Anwesenheit, während sich gleichzeitig dein Kronenchakra empfangsbereit für die liebevolle Unterstützung deines

Höheren Selbst öffnet. Dankbar nimmst du die hilfreichen, kosmischen Energien auf, die dich jetzt auf deinem Weg des Wachstums unterstützen wollen.

Sie vereinen sich in dir mit den kraftvollen Energien der Mutter Erde. Himmel und Erde verbinden sich in dir.

Die Energie der Ausgewogenheit himmlischer und irdischer Kräfte erfüllt dein Sein. Genieße es.

Hier kann es durchaus sein, dass du wertvolle Hinweise von deinem Höheren Selbst bekommst, die für dich momentan wichtig sind. Vertraue deinen Eingebungen. Du bist angeschlossen an ein System unendlicher Weisheit, zu dem dein Höheres Selbst Zugang hat. So wirkt es beständig dafür, dass du dir selbst mehr und mehr vertraust und den Schlüssel findest zu den Toren deiner inneren Weisheitskammern.

Im Anschluss folgen dann die jeweiligen Übungen.

Verstehe dieses Buch als eine Einweihung in die Arbeit mit der Violetten Flamme. Du bekommst damit ein Handwerkszeug für deinen Aufstieg, für die Transformation deiner Ängste, für die Kraft der Vergebung, der Hingabe und des Friedens. Frieden beginnt in dir. Wie kannst du Frieden im Außen erwarten, wenn Frieden im Innern nicht ist. Wenn du dich erhebst über andere, kann Frieden nicht sein. Wenn du dich selbst erniedrigst, dann ist wahrer Frieden nicht möglich. Frieden ist nur möglich, wenn *du bist.*

Erste Übung

Kennen lernen – ein erster Kontakt mit der Violetten Flamme der Transformation

Begib dich in Meditation (s. o.)

Invokation 3 x: Ich rufe die Violette Flamme der Transformation.

Wenn die Violette Flamme erscheint, gib dich mit allem hinein, was du jetzt bist – mit all deinen Ängsten, all deinen Erwartungen, deinem Unglücklichsein darüber, dass du auf dem falschen Planeten gelandet zu sein scheinst, deinen Wünschen und Sehnsüchten, mit allem, was du an dir noch nicht lieben kannst – gib dich der Flamme der Umwandlung vollkommen hin ... und lass los.

Sieh dich in der Flamme wie in einem unendlichen violetten Flammenmeer, dem du dich anvertraust, von dem du getragen wirst, von dem du bedingungslos geliebt wirst, denn dieses Meer ist ein Ausdruck der göttlichen Quelle, deren Teil du bist.

Lass dich bewegen von der Flamme, lass geschehen, dass du in ihrem Strudel der Energie bewegt wirst - das ist Hingabe, du lässt dich von der Energie bewegen.

Dabei kann es sein, dass dein Körper sich bewegen möchte – lass ihn frei. Genau diese Bewegungen sind jetzt notwendig, damit Loslassen auf einer tiefen zellulären Ebene geschehen kann. Vielleicht verlierst du auch für einige Momente das Gefühl für Raum und Zeit. Du erfährst dich im unendlichen Sein, frei von Begrenzungen.

Fühle die Freiheit der Grenzenlosigkeit.

Und dann komm langsam zurück. Sieh, wie du aus der Violetten Flamme heraustrittst, geläutert, geklärt, frei, glücklich, in dem Erkennen, dass du frei bist, dass du immer frei warst und dass dein Körper ein Tempel ist, ein Tempel, den du dir gewählt hast, weil er perfekt ist für das, was du dir vorgenommen hast.

Das violette Feuer hat deinen Glauben – falls dieser existierte, dass dein Körper ein Gefängnis ist, in den deine Seele eingesperrt ist, um Begrenztheit zu erfahren –, transformiert, und da wächst jetzt der Glaube, dass die Erfahrung von grenzenlosem Sein und grenzenloser Freiheit in einem menschlichen Körper möglich ist. Dazu musst du nicht sterben – und doch ist ein Sterben notwendig, ein Sterben deiner einschränkenden Glaubensmuster, denn es sind deine Gedanken und sicherlich auch unbewussten Programme, durch die du dich immer wieder selbst begrenzt hast.

Die Violette Flamme lädt dich ein, deine Grenzenlosigkeit zu erfahren, um zu erkennen, dass D U BIST.

Es ist eine Ekstase der Hingabe, ein Bad im unendlichen Sein göttlicher Liebe, und während dieses Bades wurdest du geläutert, gereinigt von allem Ballast, der längst überflüssig war.

☆☆☆

Zweite Übung
Befreiung aus dem Kreislauf wiederkehrender Gedanken

Es gibt Gedanken, die du Jahr für Jahr, Tag für Tag, Minute für Minute wieder und wieder denkst. Sie scheinen in deinem Kopf zu kreisen und haben sich verselbstständigt. Dein Verstand fühlt sich wohl damit, denn er liebt es, am Gewohnten festzuhalten, weil er glaubt, dass im Festhalten die einzige Sicherheit liegt. Deine Seele jedoch weiß, dass im Loslassen die einzige Sicherheit liegt, nämlich die Sicherheit, wirklich mit dem Fluss deines Lebens zu fließen, offen zu sein für neue Erfahrungen und Abenteuer, was dir ermöglicht, dich tief auf das Leben einzulassen. Doch genau das weiß dein Verstand zu verhindern. Dieser Zwiespalt zwischen den lebensbejahenden Impulsen deiner Seele und den blockierenden Gedanken deines Verstandes führt unweigerlich zu Spannungen in deinem physischen Körper und zu Überreizungen deines vegetativen Nervensystems, was durchaus psychosomatische Symptome hervorrufen kann.

Verstehe mich bitte richtig: Dein Verstand ist ein durchaus wertvolles Werkszeug, wenn es dir gelingt, deine Gedanken auf die aufbauende Kraft deines ICH BIN zu konzentrieren. Doch wie oft nutzt du wirklich die Kapazitäten deines Gehirns, um dich durch konstruktive Gedanken aufzubauen und an der Erreichung der Ziele, die du dir gesetzt hast, erfolgreich mitzuwirken? Du bist gekommen mit einer ganz bestimmten Vision und der Aufgabe, diese Vision, die du in deinem Herzen trägst, zu verwirklichen zum Wohle aller und im Einklang mit dem göttlichen Willen. Wenn du jedoch weiterhin in begrenzenden Bahnen denkst, wirst du die erweiternden Impulse, die dich auf dem Wege zur Manifestierung deiner Vision unterstützen wollen, nicht wahrnehmen können, eben weil sie außerhalb deiner begrenzten Wahrnehmung liegen.

So nutze jetzt, wenn du es möchtest, die Kraft der Violetten Flamme, um dich von eben diesen begrenzenden Glaubensmustern und Gedankengängen zu befreien.

Begreife die Arbeit mit der Violetten Flamme als eine fortwährende Arbeit an dir selbst, ähnlich wie das Unkrautjäten in deinem Garten, das ja auch von Zeit zu Zeit erfolgen muss, damit die Pflanzen deines Herzens, die in deinem Garten wachsen sollen, Raum, Licht und Luft für ihr Wachstum bekommen. Verstehe, dass dein Wille immer frei ist. Wenn dein Garten voller Unkraut sein soll, dann besteht nicht die Notwendigkeit einer Veränderung.

☆☆☆

Begib dich in Meditation (s. o.)
Invokation 3 x: *Ich rufe die Violette Flamme der Transformation.*

Erkenntnis

- *ICH BIN frei.*
- *Meine Gedanken sind frei.*
- *ICH BIN selbstbestimmt.*
- *Ich bestimme selbst, welche Gedanken ich denken will.*
- *ICH BIN mir der Kraft meiner Gedanken bewusst.*
- *ICH BIN mir bewusst, dass jeder Gedanke, den ich aussende, egal, ob still oder über das gesprochene Wort, Energie in Bewegung setzt, die sich manifestieren will.*

- *Gedankenenergie, die ich aussende, potenziert sich und kehrt in verstärkter Form zu mir zurück.*
- *Aufbauende Gedanken stärken meine Lebenskraft, während destruktive, angst- und sorgenvolle Gedanken sowie auch manipulative Gedanken und jegliche Gedanken negativer Art meine Lebenskraft schwächen.*

Sei dir der Unterstützung deines Höheren Selbst bewusst, das einzig und allein das Bestreben hat, dich in deinem Wachstum zu fördern. Sei dir bewusst, dass es die Antwort auf alle deine Fragen kennt. Wisse, dass die Übungen, die wir dir vorschlagen, dazu dienen, den Meister in dir zu entdecken und frei zu werden von jeglicher Hilfe im Außen. So liegt es an dir, dein Leben in Eigenverantwortung zu leben und mit jeglicher Projektion ins Außen aufzuhören, um deinen Blick nach innen zu wenden. Während du diese Übung machst, wird Hilarion dein Drittes Auge aktivieren. Damit verbessern sich die Erkenntnisfähigkeit und Einsichtnahme als wesentliche Voraussetzung für die nun folgende Übung. Sei ehrlich mit dir. Schau hin und nutze die Kraft der Violetten Flamme, um energetisch aufzulösen, was nicht länger Bestandteil deiner Gedanken sein soll.

Sieh dich nun selbst vor deinem inneren Auge. Beobachte dein Gehirn, in dem sich eine Schallplatte dreht. Sie ist Symbol für die immer wiederkehrenden Gedanken. Beobachte diese Gedanken. Sind sie dir vertraut? Bewusst? Haben sie sich bereits so sehr verselbstständigt, dass es dir gleichgültig ist, ob die Schallplatte läuft oder nicht?

Sieh das lodernde violette Feuer vor dir und gib hinein die Schallplatte als Symbol für überholte, immer wiederkehrende Gedanken. Glaube daran, dass Transformation hier und jetzt geschieht in dem Wis-

sen, dass so häufig der Schlüssel in der Einfachheit liegt.

Lass los!

Und dann sieh dich selbst eine neue Platte auflegen, eine Platte mit der Gedankenenergie Licht – Liebe – Frieden. Lass dir Zeit, neue Gedankenformen zu erschaffen in dem Wissen, dass du sie jederzeit wieder ändern kannst. Du bist frei. Das ist deine Freiheit, selbstbestimmt zu sein.

Beende dann die Übung, indem du dich in Dankbarkeit von der Violetten Flamme verabschiedest und lass alle erzeugten Bilder los. Hier möchte ich noch einmal auf die Notwendigkeit des Loslassens hinweisen, damit Energie nicht durch erneute gesprochene Worte oder Gedanken über das bereits Losgelassene reaktiviert wird. Dann ist der Nutzen kein großer und die Übung beginnt von Neuem.

Beachte bitte das Wort „Übung" und erwarte von dir nicht absolute Perfektion, sondern gehe mit Freude an die Übungen heran. Wachstum soll doch Spaß machen.

Es kann durchaus sein, dass du diese Übung mehrfach durchführen musst, um den Weg für das Neue zu bahnen, das du manifestieren willst. Auch erwarte bitte nicht sofort sichtbare Ergebnisse im Außen. Sie werden kommen. Doch alles braucht seine Zeit, und auch die Tugend der Geduld will gelernt sein.

Der Alltag ist sozusagen Prüfungssituation für das Gelernte. Hier darfst du dich beweisen, und es ist gewiss nicht leicht, wahrhaftig loszulassen und beständig konstruktive Gedanken und Worte zu pflegen. Übe dich darin, und es wird von großem Nutzen sein und dein Leben bereichern. Innerer Friede und Zufriedenheit sind der Lohn für deine Mühen.

Danke deinem Höheren Selbst und lass dir Zeit, das Erlebte zu verdauen, denn wir beobachten immer wieder, dass es so eine Art „Run" auf Erleuchtung gibt. Glaube mir, es steht niemand mit einer Stoppuhr am Ziel, um die Zeit zu messen und Urkunden an die Sieger zu verteilen, sondern Aufstieg geschieht gemeinsam durch die Energie der Kooperation, und indem viele Menschen gleichzeitig bestimmte Ziele erreichen, bildet sich eine erhebende Energie, die allen dient. Also, arbeite beständig an der Transformation deiner egoistischen Motive und mache dir bewusst, dass das Licht nur dann Kreise zieht, wenn ihr miteinander kooperiert.

Kommen wir nun zu Übung Nr. 3, der Übung zur Kooperation.

☆☆☆

Dritte Übung

Übung zur Kooperations- und Teamfähigkeit

Begib dich in Meditation.

Rufe die Violette Flamme durch dreimalige Invokation.

Verabschiede dich dann von deinem Ego in einer Weise, die dir gefällt. Sei gewiss, die für dich richtige Symbolik fällt dir ein bzw. wird dir von deinem Höheren Selbst geschickt.

Sieh nun Mutter Erde vor dir und sieh, wie sich überall verteilt auf dem Globus Lichtfünkchen befinden, die durch Lichtfäden miteinander verbunden sind und ein Lichtnetz bilden. Lass die Violette Flamme über die Lichtfäden von einem Lichtfünkchen zum anderen tanzen und dort verweilen, so lange es nötig ist. Der Violetten Flamme wohnt eine Intelligenz inne, die genau weiß, wie lange Transformation im Einzelfall benötigt wird. Sicher mag es auch Lichtfunken geben, die die Hilfe der Flamme jetzt nicht annehmen wollen. Akzeptiere es, gehe weiter. Die einzelnen Lichtfünkchen stehen für die Lichtarbeiter, die auf dem Planeten verteilt sind und mit uns Meistern in direkter oder indirekter Verbindung stehen.

Wenn die Flamme alle Lichtfunken und -fäden erreicht hat, sieh den gesamten Planeten Erde in der Violetten Flamme, in dem Bewusstsein, dass Mutter Erde lebt und in vollkommener Hingabe ihren Dienst der Liebe erfüllt. So ist kein Wachstum möglich, wenn du nicht die Erde annimmst mit all ihren Schätzen, mit all der Kraft, mit der sie deine Wurzeln speist. Wachstum geschieht in beide Richtungen, sowohl in Richtung Erde, Materie, als auch in Richtung Himmel, Feinstofflichkeit. Erst dann, wenn sich die irdischen und die himmlischen Kräfte in dir vereinen, wird Wachstum kontinuierlich geschehen können. Wachstum ist nicht eine

Jagd nach dem Licht, sondern das Licht ist immer da, Vollkommenheit findet sich in jedem einzelnen Moment, Erleuchtung und Aufstieg ist jederzeit möglich. Doch beende deine Suche. Finde Frieden – jetzt! Aussöhnung – jetzt! Vergebung – jetzt!

Nach dieser Meditation mache einen Spaziergang in der Natur. Nimm die Violette Flamme mit auf diesen Spaziergang. Gehe deinen Weg in dem Bewusstsein, auf deinem Lebensweg zu wandeln. Schicke die Violette Flamme auf deinem Weg voraus, so dass sie die Widerstände auflöst, die da noch sind und die dich daran gehindert haben, wirklich frei deinen Weg zu gehen.

Am Ende dieses Spaziergangs bedanke dich bei der Violetten Flamme für die geleisteten Dienste sowie bei dem Aufgestiegenen Meister St. Germain, dem Lenker des 7. Kosmischen Strahls, dessen Themen FREIHEIT; VERGEBUNG und HINGABE; TRANSFORMATION sowie auch KARMAAUFLÖSUNG durch den Einsatz der Violetten Flamme erfolgreich bearbeitet werden können.

☆☆☆

Vierte Übung
Schattenarbeit mit der Violetten Flamme der Transformation

Wer sich entschieden hat, den Weg mit uns Meistern zu gehen, der kann sich wirklich darauf verlassen, dass wir – im Einklang mit seinem Plan – Impulse der Liebe geben. Wir haben ein Auge auf unsere Schüler, korrigieren, wenn nötig ist, kleine Unebenheiten, ohne dass der Schüler jedes Mal davon Kenntnis erhält.

Wir geben Impulse der Liebe und freuen uns, wenn diese auf fruchtbaren Boden fallen. Wir wissen, dass wir von den Schülern sehr viel verlangen, so auch Disziplin, idealerweise in Freude gelebt, wie auch, und das ist jetzt wichtig, sich noch einmal bewusst zu machen, die Bereitschaft zu ständiger Selbsterkenntnis, die Bereitschaft, Innenschau zu halten, um Bewusstheit über die eigenen Muster zu erlangen. Das kann bedeuten, dass du dich gerade in einer Lebenssituation äußerster Entspannung befindest und wir die Gelegenheit nutzen, dir zum Beispiel einen Menschen zu schicken, der geeignet ist, dich genau in jenen emotionalen Verletzungen zu treffen, für die du die Bereitschaft zur Heilung ausgesendet hast. Deine erste Reaktion könnte zum Beispiel Wut auf diesen Menschen sein oder auch auf die Aufgestiegenen Meister und die mit ihnen zusammen wirkenden Erzengel, in diesem Falle vielleicht Raphael.

Nun, als Schüler bzw. Schülerin der Aufgestiegenen Meister weißt du, dass Projektion und die damit verbundene Schuldzuweisung nicht der Schlüssel zum Frieden sind. Das bedeutet, es ist jetzt an dir, nachdem du vielleicht auf uns alle ausgiebig geschimpft hast (das sind wir übrigens von unseren Schülern gewohnt), dir die Zeit zu nehmen, nach innen zu gehen, um deiner Wut auf die Spur zu kommen.

Hierbei kann dir die Violette Flamme dienen, und ich, St. Germain, möchte dir jetzt eine geeignete Methode vorstellen, die die Transformation der eigenen Schattenaspekte zum Inhalt hat. Verlasse dich dabei auf dich selbst. Dein Höheres Selbst wird dich führen, und du wirst im Laufe der Zeit mehr Vertrauen in deine eigenen Wahrnehmungen entwickeln, wenn du erst mal den Nutzen der kostbaren Violetten Flamme gespürt hast.

Wieder einmal ist es wichtig, am Ball zu bleiben und nicht zu verzagen, wenn gerade im Bereich der Schattenarbeit die dauerhafte Anwendung erforderlich ist. Du wirst merken: Wenn du erst einmal die gröbsten Schatten transformiert hast, werden die Abstände des erforderlichen Einsatzes der Violetten Flamme größer werden.

Nun, welchen Nutzen bringt diese Eigenarbeit? Wie du weißt, hat alles seine Licht- und Schattenseiten. Wenn du dich jetzt verstärkt deinen Schattenseiten zuwendest, weil nämlich gerade Licht darauf gefallen ist und sie dadurch sichtbar wurden, so verbirgt sich hinter diesem Schatten ein Lichtaspekt, der gesehen werden möchte. Wir können auch sagen, dass sich hinter jedem Schatten Potenzial verbirgt, das integriert werden möchte. Entdeckst du zum Beispiel bei dir den Schattenaspekt des Neides, weil ein anderer bereits eine Eigenschaft lebt, die du auch gerne zum Ausdruck bringen würdest, so kann es sein, dass sich dein Potenzial dieser Eigenschaft genau hinter diesem Schatten verbirgt. Ist das nicht hochinteressant? Du richtest deinen Blick nach Außen, um dich in deinem Gegenüber zu spiegeln und dort genau deine eigene Projektion zu erkennen. Den so erkannten Schatten kannst du nun mit Hilfe der Violetten Flamme transformieren, also ins Licht bringen, und dadurch das darin enthaltene Potenzial freilegen, um es zu nutzen wie einen Schatz, der lange im Verborgenen auf seine Entdeckung gewartet hat.

Begib dich in Meditation. (s. o.)

Rufe die Violette Flamme der Transformation durch dreimalige Invokation.

Nimm sie wahr. Mit welchen Qualitäten erscheint sie dir heute?

Was spiegelt sie dir?

Hat sie vielleicht eine Botschaft mitgebracht?

Nimm wahr, doch versuche nicht krampfhaft, wahrzunehmen. Das, was du siehst, ist genau das, was für dich jetzt wichtig ist.

Segne deine Augen, segne dein Drittes Auge als jenes Zentrum der inneren Wahrnehmung.

Atme Königsblau in dein Drittes Auge.

Verbinde dich mit deinem Höheren Selbst, das dich in dieser Arbeit mit dir begleitet.

Spüre seine Anwesenheit, seine Liebe, seine Wärme, die Wärme der umhüllenden Anwesenheit deines Höheren Selbst. Es ist so einfach, loszulassen, zu vertrauen, wenn man sich geliebt und geborgen fühlt.

Bitte nun dein Höheres Selbst, dich in eine Situation hineinzuführen, die jetzt wichtig für dich ist. Sieh dich in dieser Situation, sieh, wie du dich verhältst, was du tust oder auch nicht tust. Ganz deutlich erkennst du den Schattenaspekt, den du mit Hilfe der Violetten Flamme transformieren möchtest.

Nun betrachte diesen Schattenaspekt isoliert von der Situation. Hat er eine Form oder eine Farbe? Zeigt er sich dir vielleicht als ein Tier/ein Mensch oder in einer anderen physischen Gestalt? Falls es dir nicht gelingt, den Schattenaspekt deutlich wahrzunehmen, so bitte dein Höhe-

res Selbst, dir dabei zu helfen und lade den Aufgestiegenen Meister Hilarion ein, noch gezielter dein Drittes Auge zu schulen, um deine Erkenntnisfähigkeit zu wecken.

Sieh nun deinem Schatten direkt ins Gesicht und beginne, mit ihm in den Dialog zu gehen. Begrüße ihn, heiße ihn herzlich willkommen, danke ihm für seine Bereitschaft, sich dir mitzuteilen. Frage ihn, welchen Dienst der Liebe er für dich geleistet hat. Denn auch das Dunkle dient dem göttlichen Plan der Liebe, ist ein Ausdruck göttlicher Vollkommenheit. Sei offenen Herzens. Lass Liebe strömen zu diesem Aspekt von dir. Liebe dich, jetzt in diesem Moment, mit all deinem Sein, indem du einen rosafarbenen Strahl, der Farbe der bedingungslosen Liebeskraft deines Herzens, zu jenem Schattenaspekt schickst, der dir gegenübersitzt. Empfange dankbar seine Worte, spüre die Liebe hinter Allem-was-ist. Liebe dich mit diesem Aspekt, nimm ihn an, erkenne ihn an als einen Teil deines Wesens, des göttlichen Wesens, das du bist.

Wenn er sich dir mitgeteilt hat, frage ihn, ob er bereit ist, durch die Kraft der Violetten Flamme transformiert zu werden.

Ist er noch nicht bereit, so frage ihn, was er von dir braucht, um diesen Schritt gehen zu können und seinen Dienst bei dir zu beenden. Erwarte geduldig seine Antwort. Höre ihm zu. Sei vollkommen im Vertrauen, dass das, was dein Schattenaspekt für seine Transformation braucht, zur Verfügung steht. Und dann gib ihm das, was er braucht. Schenke ihm deine liebevolle Beachtung, deine vollkommene Aufmerksamkeit.

Frage ihn noch einmal, ob er jetzt zur Transformation bereit ist. Wenn er noch nicht bereit ist, bleibe solange mit ihm im Dialog, bis du ihm alles gegeben hast, was er braucht.

Gib ihn dann in die Violette Flamme mit der Bitte um Transformati-

on. Sieh, wie er sich in dem violetten Feuer verwandelt. Vielleicht zeigt sich dir der transformierte Aspekt, den du jetzt integrieren möchtest, ebenfalls in Form einer Gestalt. Sei offen. Vertraue deiner Wahrnehmung. Sie ist die einzig richtige, jetzt in diesem Moment. Niemand kennt dich besser als du selbst. Spüre, wie die transformierte Energie dir zufließt. Vielleicht hat sie eine Farbe. Vielleicht kannst du eine ganz besondere, bestimmte Energiequalität wahrnehmen. Genieße. Du hast dich gerade befreit.

Bedanke dich bei deinem Höheren Selbst. Bedanke dich bei deinen geistigen Helfern im Licht. Bedanke dich bei dir selbst für die geleistete, mutige Arbeit.

Verabschiede dich dann in Dankbarkeit von der Violetten Flamme der Transformation in dem Wissen und in dem tiefen Vertrauen, dass du sie jederzeit rufen kannst, um an dir selbst zu arbeiten.

☆☆☆

Fünfte Übung

Vergebung der Vergangenheit

Bevor du diese Übung beginnst, segne deine Vergangenheit mit folgenden Worten:

Ich ... (Name) segne meine Vergangenheit. Ich liebe mich mit meiner Vergangenheit, denn auch sie ist Teil meines Ich bin.

Begib dich in Meditation.

Invokation der Violetten Flamme (3 x)

Visualisierung der Violetten Flamme – konzentriere deine Vorstellungskraft.

Reise jetzt in deiner Vergangenheit zurück. Bitte dein Höheres Selbst, dich genau in die Situationen zu führen, die jetzt wichtig für dich sind. Habe Mut, habe Vertrauen. Es geschieht nichts, was du nicht willst.

Du wirst nun einige Stationen deiner Vergangenheit deutlich vor dir sehen, und es ist wichtig, dass du sie einzeln nacheinander ganz bewusst noch einmal anschaust. Es sind Situationen in deiner Lebensgeschichte, in denen die Kraft der Vergebung noch nicht für alle Beteiligten wirksam geworden ist.

Lenke in jede Situation, die dein Höheres Selbst dir vor Augen führt, die Violette Flamme hinein. Bitte um die Kraft der Vergebung für alle Beteiligten und bitte die Engel der Gnade, die Engel der Liebe und die Engel der Heilung um Hilfe. Wenn du noch mehr Unterstützung benötigst, rufe sie herbei.

Lass dir Zeit. Gehe erst zur nächsten Situation, wenn der Impuls dazu kommt.

Vertraue dir selbst. Vertraue deinen Eingebungen. Sie sind richtig und genau jetzt, in diesem Moment sind sie wichtig für dich und alle Beteiligten.

Wenn du das Gefühl hast, für heute genug gesehen zu haben, beende die Übung. Überfordere dich nicht. In dieser Übung wird sehr viel von dir verlangt, und es dient niemandem, wenn du dich überanstrengst.

Ruhe nach Beendigung dieser Übung mindestens fünf Minuten.

Beuge dich in Demut zur Mutter Erde. Die heilende Kraft der göttlichen Gnade wurde dir zuteil.

Es ist Gnade, wenn Heilung der Seele geschehen darf. Es ist Gnade, wenn Karma durch die Kraft der Vergebung ausgeglichen werden kann.

Nicht immer sind die Schritte, die du gehst, von einem im Irdischen sichtbaren Erfolg gekrönt, und das erklärt auch die Ungeduld so mancher Lichtarbeiter. Es ist an dir, zu vertrauen. Wisse auch, dass dein Verstand niemals berechnen kann, wann etwas Gutes im Sinne der Karmabereinigung geschehen ist. Doch wir sehen es, Gott sieht es und du wirst es spüren an der Art, wie frei du deinen Mitmenschen begegnen kannst. Bereinige so viel wie möglich, ungeklärte Situationen gibt es immer im Laufe einer Inkarnation. Bereinige, bitte um Hilfe, und gehe weiter, freudig in der Erwartung des Guten, des Besten, in der Erwartung der Ernte, die du einbringen darfst für die von dir geleistete Wachstumsarbeit. Und lasse konkrete Erwartungshaltungen los, denn die Ernte kann ganz anders ausfallen, als du denkst.

☆☆☆

Sechste Übung
Älter werden – was ist das?

Bei dieser Übung geht es um die Verjüngung, um die Auffrischung und Erneuerung deiner Energie. Es geht darum, jeglichen Kollektivglauben über Alter aufzugeben. Du bist niemals zu alt, um deine Lebensaufgabe zu finden, du bist niemals zu alt, um ein geistiges oder ein physisches Kind zu gebären, du bist niemals zu jung, um Verantwortung zu übernehmen.

Die Schulung für deine Lebensaufgabe hat nicht erst in dieser Inkarnation begonnen, sondern bereits vorher.

Nun magst du dich vielleicht fragen: „Was genau ist meine Lebensaufgabe?"

Nun, das ist zunächst einmal das, was du von Herzen gerne tun möchtest.

Viele von euch nehmen sehr wohl bereits den Ruf ihres Herzens wahr, weigern sich jedoch vehement, diesem zu folgen. Aus verschiedensten Gründen: Vielleicht, weil das nötige Vertrauen fehlt, der nötige Mut, oder weil der Verstand sich eben Tausende von Erklärungen zurechtlegt, weshalb es eben doch zu gefährlich ist, ohne Netz und doppeltem Boden dem Herzen zu folgen.

Der Verjüngungspfad ist der Pfad des Herzens.

Die Übung der Verjüngung besteht in der täglichen Anwendung der Violetten Flamme.

Anwendungsmöglichkeiten:

a) *Rufe die Flamme am Abend, kurz vor dem Schlafengehen. Visualisiere dich in der Flamme. Ihre Kraft reinigt dich, löst unstimmige Energien aus deinem Energiesystem. Frische, verjüngende Energie fließt dir zu.*
(Diese Übung lässt sich gut im Bett durchführen.)
Bitte für die Nacht um eine Energietransfusion.

b) *Rufe die Violette Flamme am Abend kurz vor dem Schlafengehen. Nun gehe in Gedanken das gesamte Tagesgeschehen des nun zu Ende gehenden Tages noch einmal durch. Was wurde gesprochen? Wie hast du reagiert? Was hast du gedacht? Was hast du gefühlt? Wie fühltest du dich körperlich? Hat dein Körper auf bestimmte Worte oder Gedanken mit besonderen Empfindungen reagiert, vielleicht mit Unwohlsein oder sogar mit Schmerzen oder Verspannungen, Durchfall oder Verstopfung, Atemnot oder Enge, Allergie, Schnupfen, Nebenhöhlenvereiterungen, vielleicht aufgrund einer Stauung veralteter, überholter Gedanken und Glaubensmuster ...?*
Reflektiere genau. Du kannst über die präzise Selbstreflexion sehr viel darüber erfahren, was noch zu bearbeiten ist. Natürlich auch über das, was schon gut läuft sowie auch über jene Bereiche, in denen du bereits Meisterschaft erlangt hast.
Manchmal ist der Mensch auch Meister schlechter Angewohnheiten. Diese können sich in der Anwendung der Violetten Flamme als besonders hartnäckig erweisen und erfordern beständigen Fleiß deinerseits. Nun, der Lohn ist reich. Jeglicher Einsatz lohnt sich.

Nachdem du über deinen Tag nachgedacht hast, gib das gesamte Tagesgeschehen in die Flamme. Du kannst dir dafür ein Symbol vorstellen, das du stellvertretend dem violetten Feuer der Läuterung übergibst. Sieh zu, wie es transformiert wird, und wie nun alles Überholte dem violetten Feuer übergeben wird.
Diese Handlung ist ein großes Loslassen. Das Positive wird verstärkt, das Negative verbrannt. Es ist eine Handlung, die großen inneren Frieden mit sich bringt, denn du nimmst das Tagesgeschehen nicht mit in die Nacht und auch nicht mit in den nächsten Tag. Du lässt wirklich los.
Wenn du das Gefühl hast, dass das Werk getan ist, bedanke dich bei der Violetten Flamme und verabschiede dich von ihr.

Sei immer offen für die Botschaften, die aus der Violetten Flamme kommen. Sei offen, die Hilfe der geistigen Welt wirklich anzunehmen. Überprüfe dich von Zeit zu Zeit, ob du wirklich die offene Bereitschaft hast, die Geschenke und den Lohn für deine großen Mühen anzunehmen. Widerstände, die sichtbar werden, übergib sofort dem violetten Feuer der Transformation.

Nun, warum führt diese Übung zur Verjüngung? Sorgen, Probleme, Lasten des Alltags drücken durch ihre niedrig schwingenden Energien deinen Energiepegel rapide nach unten. Du fühlst dich schwer, langsam, energielos, antriebslos, lustlos. Übergibst du nun all diese Lasten der reinigenden Kraft der Violetten Flamme, so werden diese Energien aus deinem Energiesystem entfernt. Die reine, transformierte Energie fließt in dein Energiesystem. Du fühlst dich erfrischt, energiegeladen, aufgetankt und kannst den nächsten Tag energiegeladen und in großer Freude beginnen. Soviel Positivität drückt sich aus in ihrer verjüngenden

Kraft in einer besseren Aktivität deiner gesamten Zelltätigkeit aus und als Folge in einem jugendlichen, frischen Aussehen.

c) *Rufe die Violette Flamme der Transformation. Visualisiere sie in deiner DNS, dann in deinem Gehirn, um es von überalteten Gedanken zu befreien. Anschließend lenke die Violette Flamme in das Gedankengut der Menschheit. Dazu stelle dir die Gesamtheit der Gedanken als eine graue Wolke vor. Hier gibt es positive Gedanken (weiß) und negative Gedankenströme (dunkel). Diese beiden Gedankenströmungen vermischen sich zu einem Grau, in das du nun bitte die Violette Flamme lenken mögest.*
Erlaube der Flamme, solange zu wirken, bis die Wolke reinweiß und licht geworden ist. Lass dann alle erzeugten Bilder los, indem du sie mehr und mehr verblassen und sich letztendlich auflösen lässt. Bedanke dich bei der Flamme und verabschiede dich von ihr.

Diese Übung trägt nicht nur zu deiner eigenen Verjüngung bei, sondern sie führt bei konsequenter Anwendung durch viele Menschen zu einer Verjüngung des kollektiven Gedankenguts der Menschheit und schafft Raum für neue Gedanken. Du kannst es dir bildlich so vorstellen, als würdest du von Zeit zu Zeit den Gedankenmülleimer entleeren. Die Aufnahmestation für den Gedankenmüll ist die Violette Flamme. Das ist ein wunderbares, kosmisches Recycling, transformiert doch das violette Feuer in Liebe diesen Sondermüll.

Du kannst dir vorstellen, wie licht es auf diesem Planeten wird, wenn diese Reinigung vielerorts vollzogen wird.

Ihr könnt euch auch in Gruppen zusammenschließen, um gemeinsam auf diese Weise für die Erhellung des Planeten zu wirken. Wir würden das sehr begrüßen. Wir können sehen, dass durch diese Erhellung die Zahl der depressiven Menschen gesenkt und die positiven Lichtimpulse, die als Lichtregen auf die Menschheit niedergehen, die Suche nach einem sinnvollen Lebensinhalt verstärken würde. Dadurch fänden mehr Menschen schneller ihre Lebensaufgabe. Das wiederum würde die Freude und Zufriedenheit auf diesem Planeten steigern. Positive Schwingungen führen zur Anhebung der Schwingung des gesamten Planeten.

Diesen Prozess unterstützen die Aufgestiegenen Meister ihrerseits intensiv.

Glaube und vertraue auf unsere Hilfe.

Wenn ihr euch in Gruppen zusammenfindet, so visualisiert die Violette Flamme in der Mitte des Raumes. Alles, was sich löst, wird von der Flamme aufgenommen und transformiert. Erschreckt bitte nicht, wenn sich bei dieser kollektiven, lichtvollen Arbeit auch eure Schatten vermehrt melden. Übergebt sie dem violetten Feuer zur Läuterung.

Vermeidet bitte in den Gruppen eine Diskussion über die Wirkungsweise der Flamme. Ihre Wirkung kann von eurem Verstand nicht eingeschätzt werden.

Ihr dürft euch austauschen, doch vermeidet bitte ein Zurückholen des Transformierten über das Wort. Tauscht euch aus über das Positive, Lichtvolle, Freudvolle, und wo ihr Leid wahrnehmt, lenkt stillschweigend die Violette Flamme hin. So wird sie dort ihren Dienst tun. Diese Handlung ist ein reiner Akt der Liebe und wird als solcher reich belohnt. Wirkt in Demut und Hingabe aus dem Herzen heraus, denn das Herz gebiert die Samen der Liebe.

☆☆☆

Siebte Übung

Entfernung energetischer Implantate

Es hat Zeiten in der Menschheit gegeben, da haben die Menschen sehr viel experimentiert und manipuliert. Nun, die Manipulation ist euch auch heute wieder sehr vertraut. Vieles, was in eurer Welt existiert, dient dazu, euch manipulierbar, unmündig und abhängig zu machen.

Es hat Kulturen gegeben, in denen man mit euch Versuche machte. Auch Außerirdische bedienten sich der Menschen, um mit ihnen Experimente durchzuführen.

Nun, ihr müsst euch nicht wundern, dass das so geschah, benutzt ihr doch auch euren Willen – oder nennen wir es eure Macht –, um an Tieren schrecklichste Versuche zu machen. Wir hören tagtäglich die Schreie dieser Tiere. Wann werden die Menschen endlich begreifen, dass alle Wesen gleich sind? Wann werden sie endlich verstehen, dass der Einsatz ihrer Macht nur dann gute Früchte trägt, wenn sie ihre Macht in den Dienst der Liebe stellen?

Es ist nicht meine Aufgabe, hier näher auf dieses Thema einzugehen. Vielleicht möchtest du dich näher damit befassen. Sende deine Bitte dann an uns. Wir werden dafür sorgen, dass du die Informationen und Kontakte, die für dich wichtig sind, erhältst.

In vielen eurer Energiesysteme finden sich noch heute Implantate aus atlantischen Zeiten, – zum einen Implantate, die ihr selbst installiert habt, um zum Beispiel die Aufnahme bestimmter Energien zu unterbinden. Diese Implantate setztet ihr ein, um euch voll und ganz auf eure damalige Aufgabe konzentrieren zu können. Heute behindern euch diese energetisch noch wirksamen Implantate am Weiterkommen. Sie behindern den freien Fluss eurer Lebensenergie.

Eure schwindenden Kräfte haben euch anfällig für Energieräuber gemacht, und diese machten euch zum Opfer energetischer Manipulationen. So gibt es auch Implantate, die euch gewaltsam eingesetzt wurden. Dies geschah ohne euer Wollen.

Manchmal sieht euer selbstgewählter Lebensweg vor, dass diese Implantate für eine gewisse Zeit wieder aktiviert werden. Dies wolltet ihr, damit sie euch wieder bewusst werden, um sie letztendlich vollständig loslassen zu können.

Die nun folgende Übung erfordert höchste Konzentration und Wachsamkeit.

Setze oder lege dich an einen ruhigen Platz. Bitte Erzengel Metatron, ein Lichtgitter des Schutzes um dich und dein gesamtes Haus zu errichten. Sorge dafür, dass in dem Raum, in dem du dich befindest, keine anderen Menschen oder Haustiere anwesend sind. Bitte Metatron, eine Lichtsäule zu errichten. Visualisiere dich in dieser Lichtsäule. <u>Es ist außerordentlich wichtig, dass du diesen Schutz errichtest!</u>

Nimm das strahlende, reinweiße Licht wahr, das in dir und um dich ist. Und dann beginne, dich von Kopf bis zu den Füßen zu durchleuchten. Mache dich auf die Suche nach Implantaten. Diese können ganz unterschiedlich aussehen, oft erscheinen sie in einer metallischen Form als klammerartige Gebilde. Doch halte dich nicht an bestimmten physischen Formen fest. Bewerte nicht, sondern nimm wahr, was ist. Mache eine Bestandsaufnahme der Implantate in deinem Energiesystem.

Es ist auch nicht wichtig, wer sie gesetzt hat, du selbst oder jemand, der dich manipulieren wollte. Letztendlich ist ja auch das ein karmischer Ausgleich.

Beleuchte auch deine Energiekörper.

Wenn du mit dem Lichtscannen fertig bist, rufe die Violette Flamme durch dreimalige Invokation. Und nun lenke sie kraft deiner Imagination zu den Orten, wo sich die Implantate befinden. Sei achtsam mit dir. Entferne eines nach dem anderen. Vertraue dir, vertraue deiner Wahrnehmung. Sie ist richtig. Lass dir Zeit.

Vielleicht entscheidest du dich auch, das eine oder andere Implantat zunächst bestehen zu lassen, um es zu einem späteren Zeitpunkt zu entfernen.

Wenn du ein Implantat entfernt hast, visualisiere reines, weißes Licht, um die nun entstandene Lücke in deinem Energiesystem zu füllen.

Wenn du fertig bist mit deiner Operation, bedanke dich bei Erzengel Metatron und bei der Violetten Flamme für ihre Hilfe. Und bedanke dich bei dir selbst für deinen großen Mut.

Bitte nun um die Kraft der Vergebung. Möge allen Beteiligten die Kraft der Vergebung zuteil werden.

Beende die Übung in deiner Zeit.

(Warnung: Wende diese Übung nur für dich selbst an, es sei denn, du wurdest von der geistigen Welt ausdrücklich dazu aufgefordert, die Kraft der Violetten Flamme in dieser Form für jemand anderen zu nutzen.

Eine Missachtung schafft neues Karma!)

Die grüne Heilflamme

Es ist nun Hilarion, der für euch die grüne Heilflamme erfahrbar machen möchte.

Geliebte Freunde, es grüßt euch Hilarion, Hüter des fünften Strahls, des grünen Strahls der Wahrheit, Konzentration und Heilung. „Ich bin der Weg, die Wahrheit und das Leben. Niemand kommt zum Vater denn durch mich." Das hat einst Christus gesagt, und diese Worte sind mir in vielen meiner Inkarnationen Leitsätze gewesen. So möchte ich euch auf dem Weg des Herzens schulen, und auch wenn dieses Buch in der Hauptsache die Violette Flamme meines Freundes St. Germain behandelt, haben wir uns doch entschieden, auch eine Einführung in die grüne Heilflamme zu geben, so dass ihr durch dieses Wissen mit beiden Flammenkräften erfolgreich wirken könnt. Viele von euch sind bereits so weit, dass sie selbständig mit den von uns gegebenen Instrumenten arbeiten können, ohne dass es unsere geistige Anwesenheit erfordert. Natürlich sind wir bei euch, wenn ihr uns ruft, und dennoch macht es uns euer selbständiges Arbeiten möglich, dass wir uns verstärkt den Schülern an der Basis zuwenden können. Das erleichtert unsere Arbeit wesentlich. Habt großen Dank dafür.

Ruft die grüne Heilflamme, wann immer ihr glaubt, dass Heilung gebraucht wird. Seht sie aus euren Handflächen treten und berührt die Menschen. Nutzt diese Kraft, ihr müsst dazu kein Heiler sein. Doch je mehr ihr mit dieser Heilenergie arbeitet, desto besser wird euer Kanal und desto sichtiger werdet ihr werden.

Wenn ihr dem Pfad der Wahrheit folgt, achtet darauf, dass ihr nicht zum Richter über andere werdet. Die große Herausforderung ist es, im

Herzen zu bleiben, bei sich zu sein und unbeirrt dem Pfad des Herzens zu folgen. Vertraut eurer inneren Wahrnehmung noch mehr. Prüft genau auf eure Wahrheit, was man euch von außen rät oder sagt. Zu viele Menschen erzeugen zu viele Projektionen. Wenn ihr therapeutisch arbeitet, hütet euch davor, eure unerlösten Schattenaspekte auf den Klienten zu projizieren. Seid zu ständiger Eigenarbeit bereit. Löst eure Probleme selbst und belastet nicht eure Klienten damit. Das meint nicht nur die Belastung über das gesprochene Wort, sondern das meint vor allem die energetische Belastung, also jene, die zumeist subtil verläuft. Bittet Gott um Hilfe, mit den eigenen Projektionen des Leides aufzuhören. Wendet euch stattdessen einem Leben in Freude und Fülle zu. Erschafft euch dieses Leben, dessen Vision ihr alle in eurem Herzen tragt. Nutzt die Kraft eures ICH BIN. Zunächst für euch selbst. Lasst dann andere Menschen an der Fülle teilhaben. Nehmt das Bild eines Brunnens, der die göttliche Energie aufnimmt, um sie dann in ihrer reinen Form weiterzugeben. Ihr seid der Brunnen, nicht die Quelle, und je gereinigter der Brunnen ist, desto reiner ist auch die Energie, die dieser Brunnen weitergibt. Die Quelle versiegt nie, doch ist der Brunnen manchmal verstopft, manchmal voller Ablagerungen und Schlacken, und von diesen müsst ihr euch dann befreien.

Auf der physischen Ebene leistet das Himalaya-Salz hier hervorragende Dienste, auf der energetischen Ebene wirkt bitte für euch mit der Kombination der Violetten Flamme und der grünen Heilflamme in der folgenden Weise:

Begib dich in Meditation.

Hülle dich ein in die goldfarbene Energie der Freude und Fülle, die den Raum um dich erfüllt. Sieh nun, wie Erzengel Raphael zu dir kommt.

Er dient zusammen mit Meister Hilarion auf dem grünen Strahl der Heilung. Er ist der Arzt, der Heiler Gottes. Er ist gekommen, um dich auf dem Weg deiner Heilung zu begleiten. Du begrüßt ihn, heißt ihn freudig willkommen, dankbar für die Hilfe, die er dir bringen wird. Raphael übergibt dir die grüne Heilflamme. Er entflammt sie in deinem Herzen.

Visualisiere die grüne Heilflamme in deinem Herzen und sieh, wie sie sich von dort ausbreitet, zunächst in deinem physischen Körper und dann auch in deinen feinstofflichen Körpern. Während du von Gold umhüllt bist, bist du im Innern grün entflammt, so dass alle deine Zellen sich auftanken mit der grünen Heilenergie und sich einschwingen in die Symphonie der Herzenswahrheit.

Dann kommt Erzengel Zadkiel zu dir. Auch er hat ein Geschenk mitgebracht. Es ist das Geschenk der Violetten Flamme der Transformation. Und während du Zadkiel willkommen heißt, entflammt er die Violette Flamme in deinem Wurzelchakra. Von dort aus tanzt sie durch alle deine Chakren und verrichtet dort ihre klärende, läuternde Arbeit. Sie tanzt auch durch deine Energiekörper und verrichtet auch dort ihren befreienden Dienst. Alles, was dich daran hinderte, ein Leben in Glück und Fülle zu leben, wird von ihr aufgenommen. Erfrischende, lebensbejahende, Potenzial verstärkende Energie strömt dir zu. Überall dort, wo die Violette Flamme die Energien gereinigt hat, fließt das grüne Licht der Heilung und Wahrheit hinein.

Wunderbar – es ist ein genussvolles Bad in den Farben Violett – Grün – Gold.

Raphael kommt zu dir, um die grüne Flamme wieder mitzunehmen, und auch Zadkiel nimmt das violette Feuer wieder entgegen. Du bedankst dich bei ihnen und verabschiedest dich.

Du verweilst so lange, wie du möchtest in deinem goldenen Raum und gibst dich den Visionen der Fülle und Freude hin, die nun aus deinem Herzen aufsteigen. Es sind Erinnerungen an das, was du dir vor langer Zeit zu verwirklichen vorgenommen hast. Tränen steigen in dir auf, denn es ist auch eine Erinnerung an deine lichte Heimat, in der doch alles so leicht erreichbar schien. Lass dir Zeit für diese Erinnerung der Sehnsucht nach einem Zuhause, dessen Vision du hier auf Erden manifestieren willst.

Es ist die Vision eines Miteinanders vieler Seelengeschwister, deren Herzen durch die Kraft der Liebe miteinander verbunden sind.

In deiner Zeit lasse die erzeugten Bilder los.

In deiner Zeit komme wieder mit deiner Aufmerksamkeit in diesen Raum, bereit, die ersten Schritte zur Erfüllung deiner Vision auf Erden zu gehen.

In Liebe, Hilarion, St. Germain, Zadkiel und Raphael sowie Maria, die im Hintergrund wirkte, um dir Trost zu spenden, weil du dich doch so manches Mal noch getrennt von den lichten Reichen empfindest. Doch das Himmelreich ist in dir.

Heilungsmeditationen mit dem grünen Strahl

Meditation „Mein Raum“

Begib dich in Meditation.

Zentriere dich in deinem Herzen.

Lade den grünen Heilungsstrahl ein, zum Beispiel mit folgenden Worten: „Ich lade jetzt den grünen Heilungsstrahl ein.“ Oder: „Ich, (dein Name), bitte den grünen Heilungsstrahl um Hilfe.“

Bitte Meister Hilarion um Hilfe.

Sei dir der himmlischen Heerscharen bewusst, die jetzt zu deiner Hilfe eilen.

Visualisiere einen Baum, der seine kräftigen Wurzeln in die Erde wachsen lässt, um eine große Krone bilden zu können. Sei dieser Baum. Nimm mit jedem Einatmen das grüne Licht der Heilung auf. Atme es in jede Zelle deines Seins. Mit jedem Ausatmen weicht alles Unreine, Ungesunde aus deinem Körper. Du gibst ab über deine Wurzeln, und Mutter Erde transformiert es in Liebe. Du dankst Mutter Erde für ihre Hilfe und dir wird bewusst, wie wichtig es ist, die Erde als den Ort anzunehmen, den du dir für dein Wachstum selbst gewählt hast. Du atmest das grüne Licht der Heilung in deine Wurzeln, in deinen Stamm, in deine Äste, Zweige und Blätter und beginnst dich mehr und mehr auszudehnen. Deine Lungen weiten sich, dein Herz füllt sich mit frischer Lebensenergie und es nimmt sich Raum, genauso, wie du dir jetzt Raum nimmst, zu sein. Du nimmst dir jetzt Raum, zu sein.

Und während du dir Raum zu sein nimmst, wird dir bewusst, dass Gott dir einen ganz bestimmten Platz im Universum zugedacht hat. Du, mit den Eigenschaften, die du hast, mit deinen Stärken und Schwächen, mit dem Wissen, das du in dir trägst, bist wichtig, genauso, wie du bist, einzigartig, bist wichtig, so wichtig, dass du jetzt deinen Raum einnimmst. Niemand anders kann diesen Raum so ausfüllen, wie du es kannst. Du bist das Optimum für genau diesen Raum.

Und je mehr du um deinen Raum weißt, desto mehr weichen die Selbstzweifel von dir.

Vertrauen nimmt sich Raum in dir und du nimmst jetzt – in diesem starken Vertrauen – deinen Raum und damit auch deine Lebensaufgabe an, auch wenn du diese noch nicht kennst.

„Vater, ich bin bereit, meinen Raum in diesem Universum einzunehmen. Ich nehme jetzt meine Lebensaufgabe an und bin bereit, dir in Liebe zu dienen. Meine persönlichen Zweifel übergebe ich jetzt der läuternden Energie des violetten Feuers. Ich gebe mich ganz der Liebe hin, der Liebe zu dir, der Liebe zum gesamten Plan der göttlichen Schöpfung, dessen Teil ich bin. Ich bin jetzt bereit, dir zu dienen, und ich weiß, dass du mir hilfst, diese verantwortungsvolle Aufgabe zu meistern, an der ich wachsen werde, wie an keiner anderen Aufgabe, denn dieser Platz ist mir bestimmt. Es ist der Platz meiner Seele, es ist der Raum, den ich für meine Heilung brauche, es ist die Aufgabe, die mein Herz erfüllt und die meinem Sein Zufriedenheit bringt.

Ich diene dir in Liebe, in dem Wissen des ICH BIN."

Genieße es, in deinem Raum zu sein. Und nun lass Visionen aus deinem Herzen aufsteigen von der Aufgabe, die du übernehmen willst. Du hast alles Wissen in dir.

Du musst nur wieder bedingungslos der Weisheit in dir vertrauen. Gib dich den Visionen hin, wie ein Baum im Wind, lass dich bewegen.

Das Leben bewegt dich, dein Höheres Selbst führt dich, die Meister und Engel, die du anrufst, senden dir lenkende Impulse auf deinem Weg und lassen dich frei, deinen Weg zu gehen. Du bist frei – jetzt und immer.

Und wenn du bereit bist, dann sieh dich selbst in deiner Lebensvision in vollkommener Vollendung und meisterlicher Perfektion.

Lass dann alle erzeugten Bilder los. Bedanke dich bei der reichen Unterstützung, die du bekommen hast, und beginne, die ersten Schritte zur Erfüllung deiner Vision zu unternehmen, beschwingt, freudig, vertrauend, dir der Hilfe „von oben" bewusst.

In Liebe, Hilarion, der dir Freund sein möchte auf dem Weg, deine ganz persönliche Wahrheit und Einzigartigkeit hier auf Erden zum Ausdruck zu bringen, in dem Wissen, dass du wichtig und einzigartig bist. Mit all meiner Liebe. Mit all der Liebe Gottes, die dir über die Meister zufließt, in dem Wunsch, dass du sie annimmst, in dem Wunsch, dass du es dir wert bist, in der Erkenntnis, dass du Liebe bist und immer Liebe warst, und in dem Wissen, dass dein strahlendes Funkeln die himmlischen Sphären erleuchten wird, denn alles ist eins. Wir lernen alle voneinander, indem wir einander lieben.

☆☆☆

Meditation „Zeige dein Licht“

Es empfiehlt sich, diese Meditation im Liegen zu machen. *)

Stell dir vor, du schwimmst in einem großen, grünen See. Dieser See ist gefüllt mit Seerosen aus zartem Rosa, dem zartesten Rosa, das du jemals gesehen hast. Du genießt das angenehm warme Wasser und beginnst, alle deine Muskeln loszulassen, zu entspannen. Du schwimmst von selbst, das Wasser trägt dich. Hier und da berührt eine Rose deine Haut, ganz zart, und deine Haut genießt dieses zarte Streicheln. Es ist wie ein erstes Kennenlernen, ein erstes Erspüren deiner Grenzen, deiner Körperlichkeit, deren Grenze die Haut ist.

Jede Berührung der Rosen öffnet auch dein Herz. Es geschieht ganz von selbst. Und hier, in dieser sicheren Umgebung, getragen vom Wasser des Sees, hast du vor der Öffnung deines Herzens keine Angst mehr. Strahlend öffnen sich die Tore deines Herzens so weit, wie es möglich ist, jetzt, in diesem Moment, und ein gold-gelbes Strahlen ergießt sich aus deinem Herzen in die Umgebung. Alles um dich herum beginnt zu strahlen, die ganze Umgebung ist erfüllt von dem gold-gelben Licht, das sich aus deinem Herzen ergießt. Und du erinnerst dich, dass du gekommen bist, um der Welt dein Licht zu schenken.

Du liegst nun auf dem Rücken im Wasser dieses herrlichen grünen Sees, dem ein ganz besonderer Zauber innewohnt. Es ist der Zauber der Heilung, der Zauber der Harmonisierung von Körper, Seele und Geist. Magische Dämpfe umhüllen dich wie Feen und Sylphen, die das Kleid der Heilung um dich weben.

Und während du dich treiben lässt und das glanzvolle Strahlen um

---

*) Musikempfehlung: Shaina Noll, „Songs for the Inner Child“ (Singing Heart Prod.) Anm. d Autorin

dich herum betrachtest, weißt du im Innersten deines Herzens, dass dies Gottes Schöpfung ist und Gottes Schöpfung immer vollkommen ist.

Und dich berührt der Zauber dieser Vollkommenheit, tröstet dich hinweg über all das, was du an dir noch als unvollkommen empfindest, tröstet dich darüber hinweg, dass da noch Teile in dir sind, die du zur Heilung führen möchtest, vielleicht an der Hand des Aufgestiegenen Meisters Hilarion und seiner Helfer Erzengel Raphael, Maria und all der anderen Heilengel, die auf diesem Strahl dienen. Alles-was-ist, jetzt, in diesem zauberhaften Augenblick, entspringt der göttlichen Quelle der Liebe. Alles, was von Gottes Liebe berührt wird, vermag zu heilen.

Und du lässt dich berühren.

Plötzlich erscheinen am Rande des Sees Tiere, Menschen, kleine Wichtel und Elfen, die sich in dem gold-gelben Licht sonnen und die Liebe Gottes dankbar in sich aufnehmen.

Sie tanzen den Tanz der Liebe. Sie freuen sich mit dir darüber, dass du den Mut hattest, dein Herz zu öffnen, und du weißt, dass sich deine Herzenstüren vom heutigen Tag an nicht mehr schließen werden.

Du schenkst der Welt dein Licht, und je mehr du dieses Licht verströmst, desto mehr Licht strömt aus der göttlichen Quelle der Liebe und des Lichts nach, während auch deine Wunden durch dieses Licht heilen.

Du winkst den Wesen am Ufer zu und machst dich auf den Rückweg. Du schwimmst zu der Stelle zurück, an der du in den See eingestiegen bist. Du lässt dich am Ufer nieder und beobachtest noch eine Weile dieses zauberhafte Bild, den grünen See mit den zartrosa Seerosen, die gold-gelbe Lichtflut, die tanzenden Devas. Es ist ein magischer Moment der Fülle und Erfüllung zugleich.

In deiner Zeit kommst du über mehrere tiefe Atemzüge wieder in den Alltag zurück, und vielleicht nimmst du dir an diesem Tag hier und da für einige Momente Zeit, dich an das Licht zu erinnern, das du bist und das zu verströmen du zur Erde gekommen bist.

Sei dir der Hilfe der Meister und Engel und der Wesen aus den Naturreichen und auch deiner tierischen Begleiter bewusst. Dein Bitten wird immer beantwortet. Doch lass auch frei, Gottes Wege der Heilung sind unergründlich, sind oft erst dann für dich sichtbar, wenn du sie bereits gegangen bist. Oh ja, das braucht Mut, das braucht Vertrauen.

☆☆☆

Meditation „Im grünen Strahl"

Diese Meditation könnte auch „Heiler, heile dich selbst" heißen, denn sie ist mehr als eine einfache Entspannungsübung. Sie ist die Aufforderung an uns, die Verantwortung für uns selbst zu übernehmen und alles dafür zu tun, um selbst heil und ganz zu werden. Hilarion gibt diese Übung in verschiedenen Versionen häufig in den Einzelchannelings, individuell auf den jeweiligen Menschen abgestimmt, und er bat mich, diese Übung in diesem Buch ausführlich wiederzugeben. Es ist eine intensive Übung, die tief wirksam ist. Sie regt zum einen die Selbstheilungskräfte an, zeigt uns jedoch außerdem auf, wo noch Blockaden sind. Wir erkennen, in welchen Organen und Körperbereichen noch nicht transformierte Gefühle ihr Eigenleben führen und unbewusst unser tägliches Leben beeinflussen und vielleicht sogar steuern.

Die Übung ist eine Kombination aus grünem Heilungsstrahl und violetter Flamme.

Der grüne Heilungsstrahl setzt in seiner Wirkung im Stirnchakra, dem sogenannten Dritten Auge, an und verstärkt hier die Wahrheitsfindung durch Erkenntnis. Wir halten Innenschau über dieses Chakra. Im grünen Heilungsstrahl werden wir uns über innere Zusammenhänge bewusst.

Die Violette Flamme steht uns in dieser Übung als Instrument der Umwandlung zur Seite, bereit, das transformationsbedürftige Erkannte aufzunehmen und hier mit ihrer läuternden, reinigenden Kraft zu wirken. Wir dürfen wirklich diese Kraft nutzen, um mit uns selbst ins Reine zu kommen und Frieden mit uns selbst zu schließen.

Hilarion appelliert an den inneren Heiler in jedem von uns. Auch in dieser Übung geht es wieder darum, der eigenen inneren Weisheit zu vertrauen und den im Inneren wahrgenommenen Bildern, Symbolen, Hinweisen etc. Glauben zu schenken.

Die Übung besteht darin, den grünen Heilungsstrahl einzuladen und ihn durch den Körper zu lenken. Dort, wo du Blockaden wahrnimmst, arbeite mit der Violetten Flamme, um diese Blockaden aufzulösen. Dabei können sich dir Bilder zeigen. Dies können Situationen aus diesem Leben oder aus Vorleben sein. Gefühle, die auftauchen, übergib ebenfalls der Violetten Flamme zur Transformation. Wenn der Bereich geklärt ist, fülle ihn anschließend mit grüner Heilungsenergie und gehe dann weiter. Arbeite zunächst in deinem physischen Körper. Lenke anschließend die Flammen in deine Aura. Visualisiere sie nacheinander in deinem Ätherkörper, deinem Emotionalkörper, Mentalkörper und spirituellen Körper.

Lass dir Zeit für diese Übung, sei liebevoll und achtsam mit dir.

Wenn möglich, sprich für einige Zeit nicht über das Wahrgenommene, damit die aktivierte Heilenergie ihre volle Wirkung entfalten kann.

☆☆☆

Ein Beispiel:

Freia, 38 Jahre alt, arbeitet seit zehn Jahren in eigener Praxis als Heilpraktikerin. Sie stellt hohe Ansprüche an sich und tut sehr viel dafür, sich immer wieder selbst zu reinigen und bewusst an sich zu arbeiten. Sie weiß, dass nur derjenige ein guter Helfer sein kann, der beständig an der eigenen Heilung arbeitet. Sie schätzt die Hilfe der Aufgestiegenen Meister sehr, da sie diese als sehr praxisnah empfindet. Auch die Hilfe der Engel nimmt sie gerne an, wenngleich es ihr oft schwer fällt, die Leichtigkeit der Engel auf ihren Alltag zu übertragen. Da sind noch

Schatten aus ihrer Vergangenheit, möglicherweise auch noch karmische Belastungen, und sie leidet sehr darunter, dass ihre Eltern und Geschwister sie und ihre Sensibilität nicht verstanden und sie nicht ernstgenommen haben. Sie wuchs daher sehr isoliert auf und das, was sie bei den anderen Menschen sah, hat ihr sehr oft Angst gemacht. Sie sah in den Auren der Menschen Unwahrheit und Lügen, verschlossene Herzen, dunkle Gestalten, aber manchmal auch schöne Farben und Symbole.

Nun möchte Freia sich von dem damaligen Leiden befreien, wohl wissend, dass die damit verbundenen Gefühle noch wirksam sind. Karmische Zusammenhänge blieben ihr bisher verschlossen und sie weiß, dass diese Tür sich durch Gnade öffnet, wenn sie bereit ist, zu sehen.

Hilarion weiß um ihren Wunsch nach Wahrheit und öffnet gemeinsam mit St. Germain das Siegel, das die Tür zum karmischen Leid verschlossen hielt. Sie sehen, dass Freia jetzt stark genug ist, hinzuschauen und sich und anderen zu vergeben.

Es ist ein Bonus, den sie sich durch mühevolle, jahrelange Innenschau erarbeitet hat, und die heutige innere Arbeit wird ihr und ihrer Familie große karmische Befreiung bringen. Doch das ist ihr noch nicht bewusst, als sie sich jetzt der Übung zuwendet.

Sie bittet um den grünen Heilungsstrahl und visualisiert, wie er in ihr Kronenchakra einströmt. Während sie mit ihrer Konzentration im Dritten Auge ruht, lenkt sie den grünen Strahl zunächst durch alle Kopfbereiche. Am linken Auge nimmt sie einen schwarzen Schleim wahr, der den freien Fluss der grünen Heilungsenergie zu stoppen scheint.

Freia ruft die Violette Flamme der Transformation durch dreimalige Invokation, so dass jetzt auch der siebte kosmische Strahl wirksam wird. Dieser setzt im Bereich des zweiten Chakras an, dem sogenannten Sakral- oder Milzchakra. Damit ist auch die Karmabereinigung aktiviert. Freia vertraut ihren geistigen Helfern, doch gleichzeitig nimmt sie eine große Angst wahr. Sie lenkt die Violette Flamme an die Stelle ihres linken Auges, an der sie die Blockade sieht. In der Flamme tauchen Bilder auf. Freia sieht ihre heutige Familie in einer anderen Inkarnation. Sie sieht die Schönheit von Atlantis. Sie sieht einen wunderbaren Tempel, in dem ihre ganze Familie, die sie nun als Seelenverwandte wiedererkennt, als Seher und Seherinnen arbeitet. Auch Freia arbeitet dort. Menschen kommen zu ihr. Sie suchen sie auf, um durch sie einen Blick in die Zukunft zu erhalten. Freia arbeitet als Medium mit einer großen Kristallkugel, in der sich ihr die Bilder der Zukunft offenbaren. Sie erinnert sich, dass sie ihre Arbeit sehr genossen hat, erinnert sich an die reine Herzensverbindung, die innerhalb ihrer Familie bestand, an die Reinheit der atlantischen Liebe. Es macht ihr Freude, ihre Fähigkeiten zum Wohle der Atlanter einzusetzen. Sie ist erfüllt von ihrem Dienst und lebt im Dauerzustand der Fülle, denn sie erfüllt ihren Dienst in hingebungsvoller Verbindung zu ihrem Schöpfer. Sie ist durchdrungen von tiefer Dankbarkeit und Glückseligkeit, und auch ihrer Familie ergeht es so. Sie kann diese Glückseligkeit jetzt fühlen, doch gleichzeitig fühlt sie diese große Angst wie eine unheilvolle Bedrohung. Freia gibt diese Angst in die Violette Flamme.

In ihrer Kristallkugel sieht sie den Untergang von Atlantis. Sie sieht Manipulation und Habgier, Machtbesessenheit, sieht den Kampf zwischen Gut und Böse und Seelenanteile, die sich abspalten, wann immer sich ein Mensch von seinem göttlichen Auftrag abwendet. Und sie entscheidet sich in diesem Moment, nicht mehr sehen zu wollen. Durch diese Entscheidung schließt sich ihr Drittes Auge und sie verliert ihre Fähigkeit zu sehen. Freia fühlt den tiefen Schmerz von damals und übergibt ihn der Violetten Flamme. Die Bilder lösen sich auf, und auch die Blockade am linken Auge ist nicht mehr erkennbar. Sie füllt den gereinigten Bereich mit grüner Heilenergie.

Der Schmerz löst sich auf, während Freia ihren Tränen freien Lauf lässt. Dann schickt sie weiter den grünen Heilungsstrahl durch ihren Körper. Sie lenkt ihn durch alle Körperbereiche und Organe, bis hinein in jede Zelle, und stellt sich vor, wie auch ihre DNS von dem grünen Licht durchströmt wird. An den Bereichen, wo sie Blockaden wahrnimmt, verweilt sie, lenkt die Violette Flamme zur Auflösung der Blockaden hinein und füllt die gereinigten Bereiche anschließend mit der grünen Heilenergie.

Am Ende lenkt sie die beiden Flammen durch ihre Energiekörper, zunächst durch ihren Ätherkörper, dann durch ihren Emotionalkörper, den Mentalkörper und den spirituellen Körper.

Anschließend bedankt sie sich für die empfangene Hilfe und lässt sich Zeit, um wieder gut geerdet im Alltagsgeschehen anzukommen.

Sie fühlt sich erleichtert und befreit, dankbar dafür, sehen zu dürfen und in den Flammenkräften von St. Germain und Hilarion so wertvolle Instrumente zu haben.

Im Anschluss an diese Meditation hat Freia noch sehr viele wertvolle Erkenntnisse. Sie versteht nun, dass ihre Familie genau das gleiche atlantische Schicksal erlitten hat wie sie. Sie versteht, dass ihre Familie die außersinnlichen Wahrnehmungen von Freia nicht wahrhaben wollte, weil dadurch unbewusst die Erinnerung an das atlantische Schicksal wachgerufen wurde. Ihr Herz ist voller Liebe und Mitgefühl für ihre Familie, und sie hat nun die Kraft, ihren Eltern und Geschwistern wirklich zu vergeben.

☆☆☆

Meditation „Dir selbst begegnen“

Begib dich in Meditation.

Lade den Aufgestiegenen Meister Hilarion ein.

Sei mit deiner Aufmerksamkeit in deinem Herzchakra. Hier öffnet sich ein grüner Raum. Eine Treppe wird sichtbar. Deine Neugier ist geweckt und du gehst mutig die Treppe hinunter, während das grüne Licht der Heilung dich umhüllt. Je tiefer du in das Innere deines Herzens steigst, umso intensiver wird die grüne Strahlung. Du bist dir der Präsenz von Meister Hilarion bewusst und du weißt, dass er dir heute einen Teil deines Inneren zeigen möchte, einen Teil deines Wesens, den es heute zu erhellen gilt.

In der Mitte des Raumes steht ein großer Ohrensessel. Du nimmst dort Platz und deine Augen richten sich auf die Leinwand, die gegenüber von deinem Stuhl aufgebaut ist.

Auf dieser Leinwand erscheint nun ein inniger Herzenswunsch von dir. Er erscheint dir ganz realistisch und du siehst alles, was damit zusammenhängt. Es ist ein Moment höchsten Glücks. Du genießt die Erfüllung deines Wunsches – auf der Leinwand.

Du – auf dem Stuhl sitzend – bekommst jedoch auch ganz andere Gefühle zu spüren. Da ist vielleicht das Gefühl von Angst, da ist vielleicht das Gefühl von „das steht mir nicht zu – so viel Glück habe ich nicht verdient“, da ist die Angst vor der Liebe, die Angst vor Freude, Glückseligkeit und Erfüllung. Da ist die Angst vor deinem Potenzial. Da ist die Angst vor deiner eigenen Kraft und Stärke, vor deinem Strahlen.

Nimm alles wahr, was ist.

In deiner Aura erscheint nun ein kleiner Regelknopf, wie ein Dim-

mer, und du beginnst, über diesen Regler das Licht um dich herum zu verstärken. Du willst sehen. Du willst dich nicht länger von deinen Ängsten beherrschen lassen. Während das Licht um dich immer heller und heller wird, beginnst du, aus deinem Herzen Liebe in deine Ängste zu schicken. Endlich führen sie kein Schattendasein mehr. Du erhebst sie ins Licht, sagst Ja zu dir mit all deinen Ängsten, denn auch sie sind Teil von dir, auch sie hast du in den Rucksack hineingelegt, den du dir für deine Erdenreise gepackt hast. Auch sie erfüllten ihren Dienst auf dem Weg deines Wachstums. Und du übernimmst die Verantwortung für diesen Teil von dir.

Sende Liebe zu allen Aspekten, die sich jetzt im Licht zeigen.

Wenn du alle Aspekte ausreichend mit Liebe versorgt und sie damit als Teil deines Wesens angenommen hast – eine wesentliche Voraussetzung für Transformation –, spürst du für einige Momente die Ganzheit deines Wesens.

Für einen Augenblick ist da das Gefühl von vollkommener Ganzheit – Einssein.

Dann ist es Zeit, den Raum zu verlassen. Du dimmst das Licht deiner Aura auf die Intensität, mit der du dich im Moment am wohlsten fühlst. Du kannst das jederzeit wieder ändern. Vielleicht ist da auch ein Regler, über den du Farben in deine Aura einstrahlen kannst – wer weiß. Es gibt viel zu entdecken.

Du stehst langsam von deinem Ohrensessel auf und verlässt den Raum. Du gehst in deiner Zeit die Treppe wieder hinauf. Für einige Momente verweilst du in deinem Herzen.

Du nimmst mehrere tiefe Atemzüge, bewegst Hände und Füße, Arme und Beine und stehst auf, um dich dann mit all deiner Konzentration und Sammlung wieder dem Alltagsgeschehen zuzuwenden.

In Liebe, Hilarion, immer bereit, dich auf dem Weg deines Herzens mit dienenden Impulsen zu bereichern.

Gebete an das heilige violette Feuer

(Gegeben von St. Germain)

Gebet zur Befreiung von karmischer Schuld

Geliebte Violette Flamme,
ich rufe dich an,
ich rufe dich an,
ich rufe dich an, hier, wo ich bin, zu wirken für meinen inneren Frieden.
Möge die Kraft meines Herzens stark genug für Vergebung sein.
Möge deine Kraft, geliebte heilige Flamme, genügen, damit ich loslasse die Schuld, die ich einst auf mich geladen habe.
Möge Gott mir vergeben.
Ich habe einst den Schleier des Vergessens über mich gezogen.
Doch jetzt will ich mich erinnern an mein ICH BIN, an mein ICH BIN, das Liebe ist, das Freude ist, das Glückseligkeit ist, das Licht ist, das Wärme ist und Mitgefühl.
Geliebte heilige Flamme,
ich gebe dir meine karmische Schuld.
Ich lasse los.
Ich gebe frei.
Om shanti om.

☆☆☆

Gebet zur Auflösung von Widerständen

Oh, du geliebte heilige Flamme,
wandle vor mir auf meinem Weg.
Brenne frei den Weg von Widerständen,
die mir genommen werden dürfen.
Ich weiß, dass es Herausforderungen gibt,
die ich zu meistern habe.
Ich rufe dich an meine Seite.
Möge ich mich allzeit erinnern daran,
dass du da bist, wenn ich dich rufe,
bereit, mir den Weg zu ebnen,
sodass ich voranschreiten kann,
um das Angesicht des Schöpfers
zu schauen.
I C H B I N .

☆☆☆

Gebet: Frieden senkt sich in mein Herz

Oh, du geliebtes heiliges Feuer,
Frieden senkt sich in mein Herz,
wenn ich hervortrete aus deinem Flammenmeer,
geläutert, geklärt, klar und in reiner
Absicht vor den Schöpfer tretend
mit der Bitte um Frieden für mich und die Welt,
die die Menschen durch ihre Gedanken erschaffen.
Möge Frieden in den Gedanken der Menschen sein.
Möge der Friedensfunke sich in jedes einzelne
Menschenherz senken,
das mit dir in Berührung kommt.
Oh, heiliges Feuer des Friedens,
ich rufe dich an
auf Erden zu wirken,
sodass der Samen des Friedens gedeihen kann.
Om shanti om.

☆☆☆

Gebet zur täglichen Reinigung

Geliebtes heiliges Feuer,
läutere mich, reinige mich,
befreie mich von allem Unrat,
von allem Ballast,
von all meinen Ängsten und Sorgen,
die mein Gemüt trüben.
Befreie mich von meinen Zweifeln
und von meinem Irrglauben,
getrennt von Gott zu sein.
Reinige mich, läutere mich,
ich gebe mich dir hin.
Mit meinem I C H B I N .
Erzengel Zadkiel, ich rufe dich,
nimm von mir die Last des Irdischen.
Ich will mich aufschwingen auf Engelsflügeln
die himmlischen Reiche zu schauen,
denn ich will den Himmel auf die Erde bringen,
damit meine Geschwister wieder Freude empfinden.
So Gott will, nimm von ihnen die Hoffnungslosigkeit,
sodass ihre Augen schauen die Herrlichkeit
Gottes in seiner Schöpfung.

Heilige Amethyst,
lass fließen dein demütiges Dienen in die Menschenherzen,
sodass sie sich erinnern an ihren Dienst der Liebe,
den zu tun sie zur Erde gekommen sind.
Gib ihnen Hoffnung und Kraft und Mut
und hilf ihnen, dass sie nicht verzweifeln,
ob all der Unvollkommenheit, die ihre Augen schauen.
Mögen sie ihren Dienst in Liebe und Hingabe und
Freude tun.
Gottes Schöpfung ist vollkommen.
Möge der Himmel auf Erden sein.
Amen

☆☆☆

Gebet der Vollkommenheit

Geliebte Violette Flamme,
ich gebe mich dir hin
mit all meinem Sein,
mit all meinen Schwächen,
mit all meinen Stärken,
mit meinem ICH BIN.
Ich gebe mich dir hin,
damit deine starken
Flammenkräfte
mich schleifen wie einen
Diamanten,
der in all seinen Facetten
erstrahlen will.
Ich bin vollkommen.
Ich weiß, ich bin vollkommen.
Amen

Meisterschaft im Alltag

Auf dem Weg deines Erwachens werden dir viele Ängste begegnen. Vielleicht bist du von jeher ein ängstlicher, vorsichtiger Mensch, der es liebt, sich auf sicherem Boden zu bewegen. Nun, dieser Aspekt der Sicherheit und der Wunsch nach einer Lebensversicherung ist uns Meistern wohl bekannt. Die einzige Sicherheit besteht darin, dich auf das Leben einzulassen.

Halte für einen Moment inne, schließe deine Augen und beobachte. Stelle dir die folgenden Fragen:

Wo stehe ich im Leben? Wie lebe ich mein Leben? Lebe ich mein Leben oder habe ich mehr die sichere Position des Beobachters inne, der am Rande des Geschehens steht? Halte ich mich gerne aus allem heraus? Oder bin ich gerne mit Freuden mitten drin im Leben? Was bedeutet es für mich, in meinem Leben zu sein? Bin ich dort wirklich die Hauptperson, oder lasse ich lieber anderen Menschen den Vortritt?

Sich auf die Arbeit mit der Violetten Flamme einzulassen bedeutet, sich auf das Leben einzulassen. Es bedeutet, die Verantwortung für das eigene Leben zu übernehmen.

Stelle dir deinen Lebensweg vor. Rufe die Violette Flamme und lass sie auf deinem Weg vorangehen. Alles, was dir auf deinem Weg begegnet, heiße willkommen. Entscheide dich, was von dem, das sich da zeigt, du behalten, integrieren und was du gerne transformieren möchtest.

Nutze die Violette Flamme für den Weg deiner ganz persönlichen, individuellen Freiheit, indem du alles, was du loslassen möchtest, der Flamme übergibst, und zwar h i e r und j e t z t.

Ich mache oft die Beobachtung, dass du, geliebter Lichtschüler, die Dinge aufschiebst. Nun könnten wir uns lange darüber unterhalten, warum du dieses tust. Doch das möchte ich nicht näher ausführen. Ich möchte dir vielmehr nahelegen, die Violette Flamme wirklich im Alltag zu nutzen. Sobald sich etwas zeigt, was aus deinem Innersten an die Oberfläche drängt, sei es eine Angst, sei es eine dir unangenehme Eigenschaft oder etwas anderes, rufe die Violette Flamme und übergib ihr das Erkannte. Lass dich wirklich auf die Violette Flamme ein!

Ich habe niemals von dir verlangt, einen besonders heiligen Rahmen für diese Transformationsarbeit zu schaffen, sondern es geht mir wirklich – und deshalb schreiben wir dieses Buch – darum, dass du den praktischen Aspekt der von uns gegebenen Hilfen erkennst und lernst, diese Hilfe im Alltagsgeschehen zu nutzen. Was nützt dir all dein Wissen über die Aufgestiegenen Meister und ihre Instrumente, wenn du es nicht nutzt? Dann bleibt alles in der Theorie stecken, und es wird dir nicht gelingen, den Himmel auf Erden zu manifestieren.

Wir brauchen euch, um das Licht auf Erden zu verstärken, wir brauchen euch als diejenigen, die am Ort des Geschehens für die Verbreitung des Lichts, der Liebe und des Friedens ihren Dienst tun.

Je mehr du für die Transformation all der sich zeigenden Schattenaspekte sorgst, umso mehr näherst du dich der Transformation deines Egos, was zu wahrem Loslassen führt und dazu, befreit deine Lebensaufgabe erfüllen zu können. Das ist doch dein innigster Wunsch, dein brennendes Verlangen, deine Sehnsucht, das, was du bist, dein ICH BIN, wertfrei in dieser Welt ausdrücken zu können.

Dann nutze die Zeit. Nutze den Alltag. Und schiebe nicht auf, was sofort erledigt werden möchte. Denn dann ist die beste Zeit vorbei. Die beste Zeit ist jetzt. Jetzt, in diesem Moment.

Was zeigt sich jetzt an Ängsten, an Schattenaspekten, an Dogmen und Moral? Übergib es jetzt der Violetten Flamme zur Transformation. Es ist das Instrument der Befreiung. Und du selbst entscheidest, ob du es nutzen willst.

St. Germain

Dialog mit der Flamme

Je öfter du mit der Violetten Flamme arbeitest, desto vertrauter wird sie dir sein. So ist es möglich, mit der Flamme in den Dialog zu treten, um von ihr wertvolle Informationen und Hinweise zu erhalten.

Ein Beispiel:

In der Beziehung zwischen Freia und ihrem Mann Bernd läuft im Großen und Ganzen alles sehr harmonisch und friedvoll. Wann immer sich ein Konflikt zeigt, nimmt Freia sich die Zeit zur sofortigen Innenschau. Sie ruft die Violette Flamme und übergibt ihr die Konfliktsituation. Sie visualisiert die Partnersituation in der Flamme. Damit lässt sie ihre Identifizierung los und bekommt mehr Abstand zu der Situation. Plötzlich beginnt die Flamme, zu Freia zu sprechen:

Seid ihr achtsam in eurer Beziehung? Geht ihr wirklich in Liebe aufeinander ein? Oder will jeder die Macht seines Egos durchsetzen und unbedingt Recht haben?

Freia nimmt dankbar die Hinweise der Flamme an. Sie nimmt sich die Zeit, ihnen eingehend nachzuspüren. Als sie das Gefühl hat, dass die Transformation erfolgt ist, bedankt sie sich bei der Flamme und verabschiedet sich von ihr, um sie bereits kurze Zeit später noch einmal zu rufen und ihr die Angst vor dem Sich-wirklich-Einlassen auf die Beziehung, die ihr bewusst geworden ist, und die tiefe Liebe, die zwischen ihr und ihrem Mann ist, der Flamme zur Umwandlung zu übergeben.

Noch am selben Abend ergibt sich ein wundervolles Gespräch zwischen den beiden, in dem sie sich so nah sind wie schon lange nicht mehr.

Vor dem Einschlafen bedankt Freia sich noch einmal für die prompte Hilfe der Meister.

Sie vergisst jedoch, sich selbst zu danken, denn letztendlich ist sie es selbst, die die Transformationsarbeit geleistet hat.

Ich möchte hier noch auf eine Art falscher Rücksichtnahme zu sprechen kommen. Wir spüren bei den Lichtschülern sehr oft eine gewisse Angst, die Meister überzustrapazieren, ihre Hilfe möglicherweise zu oft in Anspruch zu nehmen.

Es ist lobenswert, dass ihr zunächst einmal versucht, durch Innenschau Erkenntnis über die bestehende Problematik zu erlangen. Doch zögert bitte nicht, uns zur Hilfe zu rufen.

Ihr könnt uns nicht zu oft rufen. Im Gegenteil, das geschieht noch viel zu wenig, und häufig ruft ihr uns erst dann, wenn ihr euch bereits verstrickt habt. Nun, auch dann helfen wir gerne. Doch macht es euch leichter. Ruft uns sofort!

In Liebe

St. Germain

Der Gelehrte in der Flamme

Hier eine kleine Episode aus dem Alltag der Flammenarbeit.

Eines Morgens bat ich die Violette Flamme, in meinem Wurzelchakra zu wirken. Auf der physischen Ebene gab es in diesem Bereich noch einige Unstimmigkeiten, die ich nun endlich zusammen mit ihrer Ursache bereinigen wollte. Ich rief also die Flamme und lenkte sie Kraft meiner konzentrierten Aufmerksamkeit in das Chakra hinein. Plötzlich tauchte in der Violetten Flamme ein kleines Männchen auf, bebrillt und mit einem großen Buch in der Hand. Niedlich und klug zugleich, schaute er mich liebevoll an. Ich fragte ihn, wer er sei. Er sagte mir, sein Name sei Acidofulus, kurz Flup genannt, und er sei mein innerer Gelehrter. Auch sei er derjenige, der mir die für meine Heilung notwendigen homöopathischen Mittel nennen würde. Das stimmte. Seit einiger Zeit bekam ich tatsächlich bei Bedarf genau das passende Mittel genannt, nur wusste ich nicht, dass mein innerer Gelehrter dahinter steckte. Nun konnte ich ihm für die gute Zusammenarbeit danken und ihn persönlich in meinem Heilungsteam begrüßen.

Mit dieser kleinen Geschichte möchte ich euch Mut machen, euch den Unstimmigkeiten und Erkrankungen eures physischen Körpers liebevoll zuzuwenden. Die Violette Flamme ist ein einzigartiges, wundervolles Instrument, mit dessen Hilfe wir Störungen ursächlich beheben können. Wichtig ist es, am Ball zu bleiben, nicht zu schnell aufzugeben und sich mehr und mehr auf die eigene Wahrnehmung zu verlassen. Auch Glaube und Vertrauen spielen eine sehr große Rolle auf dem Weg zu einem harmonischen Zusammenspiel von Geist, Seele und Körper.

Krankheit ist zumeist ein vielschichtiges, komplexes Kapitel in unserer Lebensgeschichte. An erster Stelle zur Korrektur steht im günstigsten Fall die Erkenntnisgewinnung über ursächliche Zusammenhänge, bei der uns die Meister und ihre „Instrumente“ große Dienste erweisen können. Einsicht und Erkenntnisgewinnung sowie gleichzeitige Übertragung von Energie, die sowohl die Selbstheilungskräfte aktiviert als es auch erleichtert, Probleme selbständig zu lösen, sind zum Beispiel Inhalte der Channelings, die ich zusammen mit Hilarion gebe.

Doch nicht immer ist ein Channeling nötig, denn wir sind zunächst aufgerufen, die Lösung in uns selbst zu erkennen, gemäß dem Motto „Hilf dir selbst, dann hilft dir Gott!“. Wenn wir Hilfe im Außen benötigen, erhalten wir eindeutige Impulse und bekommen zur richtigen Zeit die richtigen Menschen geschickt.

Ich möchte noch ein konkretes Beispiel geben, damit ihr erkennen könnt, dass die unterschiedlichen Ebenen unseres Seins, also das Physische, das Emotionale, das Geistige, usw. häufig unterschiedliche Unterstützung benötigen.

Beispiel: Thora, 36 Jahre alt, Neurodermitikerin

Thora ist 36 Jahre alt und kam bereits mit Neurodermitis auf die Welt. Eines ihrer Lebensthemen sind Ängste und ihre mutige Überwindung. Außerdem leidet sie an Allergien auf diverse Nahrungsmittel und verträgt nur sehr wenige Hautpflegemittel, Waschmittel und Cremes. Auch Umweltgifte sind für sie eine extreme Belastung. Thora reagiert alles in allem äußerst sensibel und hat es geschafft, in ihrer Sensibilität das Potenzial zu erkennen und dieses zu ihrem Beruf zu machen. Sie ist Rutengängerin und setzt ihr äußerst feines Gespür ein, um Störfelder in

Wohn- und Arbeitsbereichen aufzudecken. Viele Menschen verdanken ihr ihre Gesundheit.

Doch mit sich selbst ist Thora nicht zufrieden. Sie möchte noch heiler werden.

So sucht sie ständig nach neuen Möglichkeiten, um für sich das Leben lebenswerter zu gestalten. Mit Hilfe von Lady Nada hat sie gelernt, sich selbst anzunehmen und ist jetzt auf dem Pfad der Selbstliebe. Nun kann sie auch ihre Ängste bejahen. Durch ihre Bejahung darf St. Germain wirken, und über eine Freundin vermittelt er Thora Kenntnis über die Violette Flamme. Thora fühlt sich sofort vertraut mit diesem Instrument und setzt die Violette Flamme fortan ein, um ihre Ängste zu bearbeiten. Das erfordert von ihr einiges an Innenschau und auch so manches Eingeständnis über die Funktion ihrer Ängste. Freudig bejaht sie alles, was sich zeigt, winkt doch das Ziel der persönlichen Befreiung und damit ein erfüllteres Leben. Wann immer ihr eine Angst bewusst wird, ruft sie die Flamme, um die Angst zu transformieren und das darin verborgene Geschenk zu integrieren. Dazu verwendet sie meist die von St. Germain gelehrte Übung der Schattenarbeit.

Ihre Haut verbessert sich zusehends, und es kommen, wie von selbst, genau *die* Hinweise zu ihr, die sie zusätzlich für ihre Heilung benötigt, so z. B. entsäuernde Salzbäder, Spirulina-Algen, um dem Körper ein Mehr an Energie für die Heilung zur Verfügung zu stellen, usw. Sie bekommt außerdem Spaß an einer gesünderen Ernährung. Auch eine übermäßige Strenge mit sich selbst lockert sich und die Toleranz auf Nahrungsmittel wird wesentlich größer. Durch ihre positive, befreite Einstellung begegnet Thora ihren Mitmenschen nun frei, offen und ehrlich und bahnt so den Weg für ehrliche, erfüllende Kontakte. Beruflich hat sie noch mehr Erfolg. Wegen ihres verbesserten Wohlbefindens schafft sie mehr Aufträge als zuvor. Doch Thora bleibt achtsam mit sich. Um ihre Gesundheit noch weiter zu verbessern, reinigt sie sich täglich in der Violetten Flamme und nutzt die Kraft der Transformation, wann immer Bedarf besteht. Sie bittet auch Hilarion und Erzengel Raphael, den Heilungsprozess zu begleiten und sie mit der grün-goldenen Strahlung zu durchfluten. Niemals vergisst sie, sich für die Fülle der ihr zuteil werdenden Hilfe zu bedanken.

Ich möchte jetzt noch etwas ansprechen, was mir manchmal begegnet. Das ist die Aussage: „Ja, du hast gut reden, du mit deinen Meisterkontakten. Du bist Channel und für dich ist es leicht, die Dinge zu erkennen."

Channel sind auch Menschen und für sich selbst oft genau so blind wie andere Menschen auch. Jeder kann diese Innenschau trainieren, und Hilarion ist gerne bereit, das Dritte Auge zu schulen, wenn er die Bitte dazu erhält.

Die Meister und Engel helfen gerne dabei, Muster aufzudecken und zu transformieren, die bisher dazu geführt haben, dass du dein Licht noch immer unter den Scheffel stellst. Wir sind alle Gottes Kinder, alle mit demselben Licht in diese Inkarnation geboren, um dieses Licht mit allen gleichwertig und ebenbürtig zu teilen, und dieses in Freude. Wir entstammen alle derselben Quelle universaler Liebe, dem Alles-was-ist.

Chakrenarbeit mit der Violetten Flamme

Bei dieser Arbeit geht es darum, Chakrablockaden aufzulösen, um einen freien Fluss der Lebensenergie innerhalb des Chakrensystems zu erreichen. Dazu wird zunächst die Violette Flamme eingesetzt, um die Chakren zu reinigen. Anschließend können die Chakren auf verschiedene Weise mit Energie gefüllt werden.

Begib dich in Meditation.
Rufe die Violette Flamme durch dreimalige Invokation.

Variante 1

Reinige die Chakren 1 bis 7 durch Visualisierung der Violetten Flamme (St. Germain/Zadkiel) in den einzelnen Chakren, beginnend mit dem Wurzelchakra.

Visualisiere die Flamme in den Nebenchakren: Handflächen, Ellbogen, Fußsohlen und Knie.

Anschließend bitte um den grünen Heilungsstrahl (Hilarion/Raphael) und fülle die gereinigten Chakren mit der grünen Heilenergie. Beginne entweder von unten mit dem Wurzelchakra oder von oben mit dem Kronenchakra.

Visualisiere die grüne Heilflamme in den Nebenchakren: Handflächen, Ellbogen, Fußsohlen und Knie.

Variante 2

Reinige die Chakren 1 bis 7 durch Visualisierung der Violetten Flamme (St. Germain/Zadkiel) in den einzelnen Chakren. Beginne mit dem Wurzelchakra.

Visualisiere die Flamme in den Nebenchakren: Handflächen, Ellbogen, Fußsohlen und Knie.

Anschließend fülle die Chakren mit der entsprechenden Chakrafarbe. Beginne mit dem Wurzelchakra Rot, dem Sakralchakra Orange, dem Solarplexus Gelb, dem Herzchakra Grün und / oder Rosa, dem Halschakra Blau, dem Stirnchakra Königsblau oder Indigo und dem Kronenchakra Violett oder Weiß und Gold.

Manchmal empfiehlt es sich, komplementär zu arbeiten. Visualisiere dann die jeweilige Komplementärfarbe in den einzelnen Chakren. Grün ist komplementär zu Rot, Orange zu Blau und Gelb zu Violett. Sie ergänzen sich im Farbkreis jeweils zu Weiß. Weiß enthält das gesamte Spektrum des Regenbogens.

Variante 3

Reinige die Chakren 1 bis 7 durch Visualisierung der Violetten Flamme (St. Germain/Zadkiel) in den einzelnen Chakren. Beginne mit dem Wurzelchakra.

Visualisiere die Flamme in den Nebenchakren: Handflächen, Ellbogen, Fußsohlen, Knie.

Fülle intuitiv die Chakren mit den Farben, die sich dir zu jedem Chakra zeigen. Diese können durchaus von der klassischen Farbzuordnung abweichen. Vertraue deiner Wahrnehmung. Hier spricht dein innerer Arzt und Heiler.

Chakrameditation mit Erzengel Uriel

Die folgende Meditation ist eine Übung, die dir Kraft gibt, um deine Ideen, Ziele, Träume, Wünsche und Visionen in die Tat umzusetzen. Mache sie höchstens einmal pro Woche, denn sie ist energetisch sehr stark und bringt dich in direkte Verbindung zu Erzengel Uriel. Ihre energetische Wirkung ergibt sich daraus, dass du zunächst dein Energiesystem mit der Violetten Flamme reinigst und Uriel dann in diesen befreiten Kanal direkt seine Energie hineinbringt. Dabei richtest du deine Gedanken auf die Energieschwingung „Kraft" aus. Das erzeugt ein enormes Kraftfeld innerhalb deines Energiesystems. Diese positiv ausgerichtete Kraft strebt nach Umsetzung deiner Vision.

Begib dich in Meditation.

Sieh dich selbst vor deinem inneren Auge, wie du dir genau gegenübersitzt.

Hinter dir steht der Erzengel Uriel. Er hat seine Hände auf deine Schultern gelegt.

Fühle seine Präsenz, Kraft und Stärke. Genieße seine Berührung. Genieße es, in diesem lichtvollen, mit Energie geladenen Kraftfeld zu sein.

Rufe die Violette Flamme der Transformation und lenke sie in dein Wurzelchakra. Visualisiere, wie sie nacheinander alle Chakren reinigt.

Lenke sie dann in deine Energiekörper, indem du mit ihr jeden einzelnen in einer ovalen Linie entlangfährst, den Ätherkörper, den Emotionalkörper, den Mentalkörper, den spirituellen Körper.

Nun konzentriere dich auf die Gedankenergie „Kraft".

Bitte Uriel, mit seiner Energieübertragung zu beginnen.

Beende die Übung nach circa zehn Minuten.

Vertraue deinem Gefühl. Du wirst genau spüren, wann die Energieübertragung beendet ist.

Bedanke dich bei der Violetten Flamme und Erzengel Uriel.
In deiner Zeit komme zurück. Werde dir wieder der Umgebung bewusst, in der du dich befindest. Recke, strecke und dehne dich. Fühle die neu gewonnene Kraft.

Weitere praktische Anwendungen

„Halt an, wo läufst du hin? Der Himmel ist in dir.
Suchst du ihn anderswo, du fehlst ihn für und für.“

Angelus Silesius

In diesem Kapitel habe ich weitere Anwendungen der Violetten Flamme zusammengestellt, die sich in der Praxis als sehr wirkungsvoll gezeigt haben, jedoch sind der eigenen Kreativität keine Grenzen gesetzt. Hier ist Mut zum Experimentieren gefragt. Du kannst nichts falsch machen. Die Violette Flamme wirkt mit der ihr innewohnenden, göttlichen Intelligenz immer zum Wohle aller Beteiligten. Wenn du die Flamme in Beziehungen bzw. zu anderen Lebewesen lenkst, erspüre bitte zunächst, ob du die Erlaubnis dazu hast. Wie St. Germain eingangs sagte, ist die Achtung des freien Willens jedes Einzelnen oberstes Gebot.

Versuche für die Zeit, in der du mit der Violetten Flamme arbeitest, deine Zweifel abzulegen und wirklich in die Energie des Glaubens und des Vertrauens hineinzugehen. Du wirst sehen, dass das Vertrauen im Laufe der Zeit wächst. Wenn im Außen noch keine Ergebnisse deiner Arbeit sichtbar sind und du sichtbare Beweise brauchst, um fortfahren zu können, dann bitte die geistige Welt darum, dir diese Beweise zu liefern, und zwar in der Form, dass du sie deutlich erkennen kannst.

Dazu ein Beispiel. Ich habe mehrere Jahre Reiki-Seminare bis zum Meistergrad gegeben. Um mich mehr der Arbeit mit den Aufgestiegenen Meistern widmen zu können, habe ich diese Seminartätigkeit aufgegeben. Das Erforschen der Violetten Flamme erforderte auch das Loslassen der Reiki-Symbole, denn ich wollte ja ganz klar die Wirkung dieses geistigen Instruments ergründen. Ich kam zu der Violetten Flamme wie die Jungfrau zum Kind. Plötzlich war sie da, und ehe ich mich versah, stand auch schon das „Forschungsprojekt Violette Flamme“ auf dem Plan. Dieser Forschungsauftrag interessierte mich, und so nahm ich ihn an. Als ich begann, mit der Violetten Flamme und dem grünen Heilungsstrahl über die Ferne zu wirken, bat ich Gott, mir einen Beweis für die Wirksamkeit dieser Technik zu liefern. Mit solchen Anliegen gehe ich immer direkt zu Gott. Und das funktioniert immer!

Der Beweis kam schon kurze Zeit später. Eine Frau, die an zu hohem Blutdruck litt, rief mich in einer akuten Notsituation an und bat um meine Hilfe. Ich vereinbarte mit ihr, dass ich ihr Energie schicken werde und sie mich danach bitte anrufen möge. Über die Ferne nahm ich Kontakt auf, fragte ihr Höheres Selbst um Erlaubnis und reinigte dann zunächst die Chakren mit der Violetten Flamme. Anschließend füllte ich sie mit Hilfe des grünen Strahls mit Heilungsenergie. Das dauerte circa eine Viertelstunde. Danach gab mir die Frau telefonisch Feedback. Der Blutdruck war gesunken!

Ich bedankte mich bei Gott für den Beweis und setzte meine Forschungsarbeit frohen Mutes fort.

Hier folgen nun einige Vorschläge für die praktische Anwendung der Violetten Flamme:

☆☆☆

Tägliches Reinigungsritual

Begib dich in Meditation. Sieh dich selbst vor deinem inneren Auge, wie du dir genau gegenübersitzt. Visualisiere als Symbol der Liebe für dich selbst einen rosafarbenen Farbstrahl von Herz zu Herz. Halte diese Herzensverbindung während der gesamten Übung aufrecht.

Wenn du nicht spiegelverkehrt arbeiten möchtest, nimm dich einfach so wahr, wie du dasitzt.

Rufe die Violette Flamme der Transformation. Reinige deine Chakren.

Visualisiere die Violette Flamme zunächst in deinem Wurzelchakra, dann in deinem Sakralchakra, Solarplexus, Herzchakra, Halschakra, Stirnchakra und Kronenchakra. Dort nimmt die Violette Flamme vorhandene Belastungen auf, reinigt und wandelt um, was der Transformation bedarf. Die Farbschwingung Violett, in ihrem ausgewogenen Verhältnis von Rot und Blau, bringt die Energie der Ausgleichung, Balance und inneren Ruhe in dein Energiesystem als Voraussetzung dafür, dass sich innerer Frieden einstellen kann.

Geistige Ruhe breitet sich aus. Innerer Frieden darf sein. Jetzt und hier.

Reinige nun deine Energiekörper, zuerst den Ätherkörper und dann den Emotionalkörper, den Mentalkörper und den spirituellen Körper (Astralkörper), indem du mit der Violetten Flamme die jeweilige Auraschicht entlangfährst.

Sei intuitiv. Manchmal wollen die gereinigten Bereiche mit einer Heilfarbe gefüllt werden, die du dann wahrnehmen wirst. Manchmal wollen bestimmte Aurabereiche verstärkt werden. Nutze dazu die Kraft der Visualisierung. Wenn du zum Beispiel ein „Loch" in deiner Aura wahr-

nimmst, durch das Energie entweicht, dann schließe dieses „Loch“ mit Licht. Du kannst dir auch einen kosmischen Laserstrahl vorstellen, mit dem du die Aura „reparierst“. Gehe behutsam und achtsam mit dir um. Werte nicht, es ist, wie es ist, und das bedeutet nicht, dass es immer so bleiben wird. Jeder Moment ist ein neuer Moment, ein neuer Anfang, ein Neubeginn der Liebe zu dir selbst, deinem Sein, dem spirituellen und dem physischen Sein.

Bei dieser Arbeit kann es sein, dass sich dir Bilder von Belastungen deines Energiefelds zeigen. Dies können sowohl Belastungen aus diesem Leben als auch aus Vorleben sein. Oft zeigen sich bei dieser Arbeit aktuelle Belastungen aus gerade erlebten Situationen. Wenn sich dir Bilder zeigen, vertraue ihnen. Hier spricht dein Höheres Selbst. Diese Bilder tragen Botschaften der Heilung in sich, erklären oft, warum wir uns in einer bestimmten Situation befinden oder zeigen auf, dass wir uns in früheren Leben in ähnlichen Thematiken bewegt haben. Die Essenz wird sichtbar. Wir verstehen, können verändern und loslassen. Manchmal werden auch Schwüre, Gelübde oder Ähnliches deutlich, die wir einst abgelegt haben. Von allem kannst du dich befreien. Übergib alles, wovon du dich lösen möchtest, dem violetten Feuer der Transformation.

Bitte von ganzem Herzen ehrlich um Vergebung. Wisse, alles hat seinen Sinn, alles hat seine Zeit.

☆☆☆

Raumreinigung

Rufe die Violette Flamme, um Raumenergien zu klären. Visualisiere, wie die Flamme durch den Raum tanzt und wirbelt und dabei alle Belastungen auflöst.

Dies empfiehlt sich auch nach therapeutischer Einzel- oder Gruppenarbeit. Wenn man die Raumreinigung täglich einmal vornimmt, bleibt die Energie immer klar und rein.

Wenn du eine Sitzung gibst oder eine Gruppe leitest, rufe die Violette Flamme in den Raum. Sie nimmt auf, was sich löst und sorgt für schnellere Entwicklung, wenn es sein darf.

☆☆☆

Reinigung von Gebieten

Rufe die Violette Flamme, um Gebiete der Erde zur reinigen. Lenke sie in Wälder, Flüsse, Seen, ... sowie in Katastrophengebiete, Gebiete, wo Unfrieden ist und sich negative Energie ballt. Nach meiner Erfahrung hast du dafür immer die Erlaubnis, denn du trägst damit zur Heilung der Erde und zum Frieden auf Erden bei. Was gibt es für ein höheres Ziel?!

☆☆☆

Die Violette Flamme in der Kommunikation

Wo Menschen sich begegnen und Kommunikation stattfindet, ist die Violette Flamme oft vonnöten. Nehmen wir einmal das Beispiel „Kaffeeklatsch“. Solche Zusammenkünfte haben allzu oft zum Inhalt, über nicht anwesende Personen zu tratschen, sich über Unglücke und Krankheiten zu unterhalten, usw. ... Selten finden Gespräche über Frieden, Freude, Herzensthemen statt, fällt es doch vielen Menschen leichter, bei dem Nachbarn zu schauen als bei sich selbst.

Die meisten von uns sind keine Heiligen. Vielleicht ertappst du dich manchmal selbst dabei, über andere zu sprechen. Dieses Verhaltensmuster kannst du dann mit der Violetten Flamme bearbeiten.

Wenn du im Nachhinein über ein geführtes Gespräch oder Telefongespräch unglücklich bist, kannst du die Situation noch einmal visualisieren und die Violette Flamme hineinlenken.

Rufe die Violette Flamme in jedes Gespräch, in dem durch das gesprochene Wort Negativität verstärkt wird. Oft sind solche Gespräche sehr schnell zu Ende, wenn wir unsere Wahrheit leben. Dann können wir uns für aufbauende, konstruktive Gespräche öffnen.

Meistens verliert sich im Laufe des spirituellen Wachstums die Lust, an oben beschriebenen Gesellschaften teilzunehmen. Doch will und kann man sich nicht immer davon ausschließen. Rufe im Stillen die Violette Flamme in den Raum. Sie wird dann die Negativität aufnehmen, damit diese sich nicht weiter auf der Erde manifestieren muss. Es ist ja ein ständiger Kreislauf. Je mehr die Menschen der Negativität Raum geben, um so mehr Macht und Energie geben sie ihr. Schauen wir unsere Fernseh- und Nachrichtenprogramme an, so wird noch viel zu wenig über all das Gute berichtet, was auf der Erde geschieht. Üben wir uns also in aufbauender, lebensbejahender Kommunikation, im Kleinen wie im Großen, und nutzen wir die Kraft der Violetten Flamme der Transformation, um notwendige Veränderungen herbeizuführen. Dann haben alle etwas davon.

Es wäre doch auch ein schönes kollektives Ziel, sich zu einem spirituellen Kaffeeklatsch zu treffen, bei dem nur über Wachstum, Licht, Freude und Liebe gesprochen wird.

Wir haben zum Beispiel in diesem Jahr bei uns ein Wachstumsfest veranstaltet, um unser ganz persönliches Wachstum zu feiern. Gemeinsam riefen wir die Violette Flamme in den Raum und vergnügten uns in ihrer Anwesenheit bei meditativem Tanz, Meditation, konstruktiven Gesprächen und einem vegetarischen Buffet, zu dem jeder einen wundervollen Beitrag geleistet hatte.

☆☆☆

Schutz

Visualisiere eine violette Schutzhülle um dich herum. In diesem Schutzmantel fühle dich geborgen und sicher.

Diesen Schutz kannst du auch für eine andere Person, ein Tier oder eine Pflanze oder auch Gegenstände wie Haus, Wohnung, Computerarbeitsplatz, Auto usw. errichten.

Manchmal benötigen einzelne Körperbereiche für einige Zeit besondere Aufmerksamkeit und Schutz. In Zeiten, in denen wir intensiv an uns arbeiten, zeigen sich häufig Spannungen in unserem Körper, weil wir uns energetisch bereits verändert haben und der physische Körper Zeit braucht, dieser Veränderung zu folgen. Es ist empfehlenswert, die noch labilen Körperbereiche liebevoll in die schützende violette Strahlung einzuhüllen. Dadurch bekommt der physische Körper außerdem Kraft und Energie, um auch chronische Belastungen loslassen zu können.

Kwan Yin lehrte mich, dass es der beste, wirkungsvollste Schutz ist, alles zu lieben. Es lohnt sich wirklich, das auszuprobieren. Übe beim Einkaufen in der Stadt oder im Supermarkt und einfach überall dort, wo sich dir Gelegenheit bietet, dein Herz zu öffnen und alles, was dir begegnet, zu lieben. Das ist eine sehr interessante Erfahrung. In dem Moment, wo wir beginnen, Alles-was-ist total zu lieben, lösen sich jegliche Abwehr und Widerstände in nichts auf, denn alles, was uns im Außen begegnet, ist ja genau eine Spiegelung unseres momentanen inneren Zustands. Lieben wir alles, was uns begegnet, so bejahen und lieben wir uns damit gleichzeitig selbst. Diese Übung kann vielleicht zunächst ein wenig Angst machen, doch sie macht, wie ich finde, mindestens genau so viel Spaß.

Die göttliche Liebe, das ist ja unser Zuhause. Öffnen wir uns also einfach dafür, sie wieder fließen zu lassen und bedingungslos zu verströmen, in dem Wissen, dass wir nicht Quelle, sondern Brunnen sind. In dieser Liebe sind wir allzeit beschützt. Denn es ist einzig und allein unsere Angst, die es noch dem Unguten erlaubt, in uns einzudringen. Nutzen wir also die Kraft der violetten Strahlung, um Angst zu verbrennen. Erlauben wir der Liebe, uns zu erreichen. Räumen wir ihr wieder einen dauerhaften Platz in unserem Herzen ein.

☆☆☆

Das Wirken über die Ferne

Begib dich an einen ruhigen Ort. Verbinde dich mit Himmel und Erde. Webe ein Lichtgewand des Schutzes um dich herum. Begib dich mit deiner Aufmerksamkeit in dein Herzzentrum und erlaube der Energie, zu deinem Dritten Auge aufzusteigen.

Visualisiere den Menschen, dem du Energie senden möchtest. Bitte ihn in Gedanken um Erlaubnis. Achte bei dieser Energiearbeit besonders auf reine, konzentrierte Gedankenkraft. Bitte die geistige Welt, dich dabei zu unterstützen. Wenn du die Erlaubnis bekommen hast, rufe die Violette Flamme der Transformation. Erspüre intuitiv, wie sie wirken möchte. Sie wird es dir zeigen. Vielleicht ist es wichtig, die Chakren zu reinigen, vielleicht die Energiekörper oder alles zusammen, vielleicht möchte der oder die Betreffende einfach nur in der violetten Energie baden.

Wenn die Reinigung und Transformation erfolgt ist, erspüre, ob jetzt ein anderer Farbstrahl benötigt wird, um den Menschen zu füllen. Bitte dann den jeweiligen Meister oder die Meisterin, für die Person zu wirken.

Beende die Energiearbeit, indem du dich von dem Menschen verabschiedest und sein Bild loslässt.

☆☆☆

Die Violette Flamme in Beziehungen

Um Frieden in eine Beziehung hineinzutragen, lenke die Violette Flamme in sie hinein. Arbeite auch hier wieder mit deiner Vorstellungskraft. Ich habe die Erfahrung gemacht, dass durch die Kraft des violetten Feuers wieder Fluss in die Beziehung kommt, wenn man sich einmal festgefahren hatte. Doch die Flamme holt auch tiefer liegende Themen ans Tageslicht, sie macht diese sichtbar und transparent und ermöglicht somit die Erkenntnis und Bearbeitung der anliegenden Themen.

☆☆☆

Die Violette Flamme und Tiere

Wann immer Tiere Hilfe benötigen, wirke mit der Violetten Flamme. Dabei kannst du genauso vorgehen wie bei Menschen, also die Chakren und die Aura klären oder ein Tier oder eine Gruppe von Tieren in die violette Strahlung einhüllen, usw. Wenn du Orte kennst, an denen Tiere gequält werden (zum Beispiel Legebatterien, enge Ställe, Tierversuchsanstalten usw.), dann lenke die Violette Flamme dorthin, so oft du kannst. Du kannst auch für die Delfine und Wale wirken und andere Meerestiere, indem du die Violette Flamme in die Meere lenkst.

Hülle dein Haustier in die schützende violette Strahlung ein. Reinige von Zeit zu Zeit auch sein Energiefeld mit Hilfe der violetten Strahlung.

Auch hier kannst du wieder frei kombinieren mit den anderen Meisterstrahlen, besonders empfiehlt sich die Kombination mit dem grünen Heilungsstrahl.

Du kannst dir auch vorstellen, wie du die Violette Flamme in das Kollektiv aller Tierseelen lenkst, damit Heilung für die Tiere geschehen kann. Wir können nicht genug für die Tiere tun, ist es doch der Mensch, der das Tier noch immer für seine Zwecke missbraucht.

Wenn du Menschen kennst, die Heilarbeit mit Tieren machen, erzähle ihnen bitte von dem Instrument der Violetten Flamme. Vielleicht wollen sie diese in ihr Therapieprogramm integrieren.

☆☆☆

Kombination mit anderen Heilungsmethoden

Die Violette Flamme lässt sich sehr gut mit anderen Heilungsmethoden kombinieren. Ich wende sie zum Beispiel in der Kinesiologie an, kombiniere sie mit der Bach-Blüten-Therapie, den Schüssler-Salzen und der Farbtherapie Aura-Soma. Andere Menschen kombinieren sie mit Reiki oder auch mit der craniosakralen Therapie. In der Reinkarnationstherapie unterstützt sie die Karmabereinigung. Auch Chakra- und Aura-arbeit kann durch die Violette Flamme eine hilfreiche Ergänzung finden, um nur einige Beispiele zu nennen.

Hier ist der Therapeut aufgerufen, seine ganz individuelle Form der Arbeit mit diesem kraftvollen Instrument zu finden.

Nach meiner Erfahrung stellt die Integration der Strahlen und Instrumente der Aufgestiegenen Meister eine enorme Bereicherung für die Behandlung dar. Die Behandlungen gehen einfach tiefer.

☆☆☆

Erwünschte Nebenwirkungen

Je tiefer wir uns auf die transformatorische Arbeit mit der Violetten Flamme einlassen, umso intensiver dringen wir in tiefere Schichten unseres Seins vor. So bedeutet die Arbeit mit der Flamme gewiss nicht nur ein „Ich gebe ab, lasse los – und die Flamme macht das schon", sondern es kann auch bedeuten, sich noch einmal mit tief verschütteten Gefühlen auseinanderzusetzen und auch mit Themen, von denen man geglaubt hat, sie schon längst bearbeitet zu haben. Auch körperliche Symptome, die man von früher kennt, können sich durchaus in diesem Heilungsprozess noch einmal zeigen. Diese sollten dann mit der Violetten Flamme konsequent bearbeitet werden.

Es kann in dieser Arbeit durchaus sein, dass Themen an die Oberfläche kommen, die man alleine nicht bearbeiten kann und die dann therapeutische Hilfe von außen nötig machen. Hier liegt es an jedem selbst, die eigenen Grenzen anzuerkennen und zu erspüren, wann es gut ist, sich Unterstützung zu holen.

Wenn du merkst, dass du alleine nicht weiterkommst, wende dich an St. Germain mit der Bitte, dir den richtigen Therapeuten/die richtige Therapeutin zu empfehlen. Dies sollte ein Therapeut/eine Therapeutin sein, der/die offen für neue Heilungstechniken ist und sich zumindest ansatzweise im Lichtkörperprozess auskennt.

☆☆☆

Körperliche Reinigung

Wenn viel spirituell gearbeitet wird, empfiehlt es sich, sich unter der Dusche mit einer Handvoll Meersalz abzureiben und sich anschließend gründlich abzuduschen. Das Salz reinigt die Aura und befreit sie von Belastungen. Ich verwende dazu Salz aus dem Toten Meer, das man günstig in Drogeriemärkten bekommen kann. Auch Himalaya-Salz kann gut dazu verwendet werden (siehe Literaturempfehlungen).

Saunagänge und körperliche Betätigung helfen dem Körper bei der Entgiftung. So können Schlacken leichter abtransportiert werden.

Wichtig ist, für eine ausreichende Trinkmenge an frischem Wasser zu sorgen, damit der Körper die gegebenen Impulse auf der körperlichen Ebene umsetzen kann.

☆☆☆

Sich von Sorgen befreien

Eine Freundin rief mich an und bat mich, ihr einen Rat zu geben, wie sie die Energie der Sorge in Freude umwandeln könne. Ich empfahl ihr die folgende Meditation, die ich von den Meistern bekommen hatte:

Meditation: Sorgenpakete packen

Die folgende Meditation eignet sich sowohl für die Einzelarbeit als auch für die Transformationsarbeit in der Gruppe. Wichtig ist, dass wirklich losgelassen wird und im Anschluss an die Meditation nur Gespräche über Freude stattfinden. Die Sorgen sollen also möglichst nicht wiederbelebt werden.

Begib dich in Meditation.

Lade den Aufgestiegenen Meister St. Germain ein und alle Freunde des violetten Strahls, die jetzt mit dir/euch meditieren möchten.

Rufe die Violette Flamme durch dreimalige Invokation.

Visualisiere die Violette Flamme.

(In der Gruppe ruft ihr die Flamme gemeinsam. Das hat eine sehr intensive, energetische Wirkung. Ihr stellt dann die Flamme mitten in den Raum und visualisiert die Flamme in eurer Mitte.)

Packe nun deine Sorgen in kleine Päckchen. Übergib die Sorgenpäckchen der Violetten Flamme. Lasse wirklich los. Packe so viele Päckchen, wie Sorgen vorhanden sind. Werte nicht. Gib alles in die Flamme, was du loslassen möchtest. Kleine und große Sorgen.

Wenn du möchtest, stelle dich am Ende noch einmal ganz in die Violette Flamme hinein. Sei bereit, ihr alles zu geben, was dich und dein Energiesystem belastet.

Wenn du fertig bist, bedanke dich bei St. Germain, der Violetten Flamme und all den anderen geistigen Helfern, die anwesend waren, um bei der Transformation mitzuhelfen.

Lass dir die Zeit, die du brauchst, um wieder mit all deiner Aufmerksamkeit im Hier und Jetzt anzukommen. Gehe beschwingt und von Sorgen befreit in den Alltag.

Erfahrungsberichte

Die folgenden Erfahrungsberichte über die Anwendung der Flammenkräfte der Aufgestiegenen Meister wurden von Teilnehmern meiner Meditationskurse aufgeschrieben. Sie beschreiben darin, wie sie die Violette Flamme im Alltag nutzen.

Ihnen möchte ich an dieser Stelle ganz herzlich für diese wertvolle Unterstützung danken. Gerade durch ihr Feedback, das sie mir über ihre Arbeit mit den Aufgestiegenen Meistern und der Violetten Flamme gaben, haben sie sehr zur Entstehung dieses Buches beigetragen, denn der Alltag ist der Prüfstein: Hier beweist sich die Wirkung der Violetten Flamme, wie die folgenden Berichte zeigen mögen.

☆☆☆

„Das Wissen um die Kraft und Wirkungsweise der Violetten Flamme hat bei mir dazu geführt, die Flamme auch für alltägliche Themen anzuwenden.

Wenn ich zum Beispiel körperliche Probleme habe, etwa Kopfschmerzen, visualisiere ich die Violette Flamme in dem Körperbereich (Organ, Muskel, Gelenk oder in diesem Fall Kopf), der gerade meine besondere Aufmerksamkeit fordert. Dann bitte ich die Flamme, im Sinne der Transformation und der Lösung von Blockaden tätig zu werden. Gleichzeitig bitte ich die geistige Welt, mir das jeweilige Thema zu zeigen, um zu erkennen, woran ich „arbeiten“ darf.

Sehr effektiv ist es auch, Räume energetisch mit Hilfe der Violetten Flamme zu reinigen und zu klären. Ich unterrichte Yoga. Nach jeder Gruppe aktiviere ich die Flamme, um den Unterrichtsraum energetisch zu klären. Aber auch zu Hause, wenn wir Besuch hatten, wenn es mit Freunden oder Verwandten „schwierige" Gespräche gab, nach alltäglichen Streitigkeiten mit oder unter den Kindern, ist eine Reinigung der Energie sehr schön.

Ich visualisiere die Violette Flamme in der Raummitte und bitte dann St. Germain, Erzengel Zadkiel und auch die Heilige Amethyst, das mächtige Instrument der Violetten Flamme zur Verfügung zu stellen, um den Raum energetisch zu reinigen. Manchmal gesellt sich von links die heilende grüne Flamme dazu. Beide Flammen vereinen sich zu einer, und gemeinsam wirken sie im Sinne der Heilung und Transformation. Es ist dann die Kraft von Hilarion, die heilend wirkt.

Einmal habe ich erlebt, wie sich auch die weiße Flamme mit der grünen und violetten vereinte. Die drei Flammen wurden zu einer und wirkten nach Kräften.

Die Violette Flamme sieht für mich jedesmal ein wenig anders aus. Sie variiert in der Farbintensität, in der Größe und Ausbreitung. Manchmal tanzt sie lebhaft und fröhlich durch die Ecken des Raumes. Manchmal breitet sie sich aus dem Zentrum immer mehr aus, um den Raum mit Energie zu füllen.

Wenn ich Menschen in die Reinigung mit einbeziehe (das mache ich nur mit mir selbst und bei meinen Kindern), ist es manchmal so, dass jeder seine eigene Flamme bekommt.

Manchmal werden beide Kinder von einer Flamme umhüllt.

Hilfreich ist es auch, wenn ich schwierige Gespräche vor mir habe, Gespräche mit Menschen, mit denen Missverständnisse oder Probleme im

Raum stehen, die Violette Flamme vorauszuschicken, zu den Menschen, zu der Thematik, die ansteht. Ich bitte die Violette Flamme dann, mögliche Blockaden oder Gedanken zu bearbeiten, um eine Basis für ein konstruktives Gespräch zu schaffen.

Es ist auch eine sehr schöne Vorstellung, in der Violetten Flamme zu „duschen". Die Violette Flamme hat die Kraft, den physischen und energetischen Körper zu reinigen und blockierende Energien zu lösen.

Dies sind einige Anregungen, wie ich im Alltäglichen mit der Violetten Flamme agiere. Das Wirken der Flamme erlebe ich immer sanft und liebevoll, kraftvoll und sehr effektiv. Sie bleibt nicht länger als notwendig und hat noch nie ihre Kraft verweigert.

Ich danke an dieser Stelle St. Germain, Zadkiel und der Heiligen Amethyst, dass sie mir stets ihr mächtiges Instrument zur Verfügung stellen. Danke auch an Hilarion und alle anderen Helfer aus der geistigen Welt. Ihr sorgt dafür, dass es immer weitergeht.

In Dankbarkeit und Liebe."

M. (Yogalehrerin) aus H.

☆☆☆

„Unser Haus steht an einem stark geopathisch belastetem Platz. Ungünstige Wasseraderkreuzungen beeinträchtigen das Wohl meiner Familie. Durch Auspendeln entdeckte ich eine Überkreuzung von zwei Wasseradern. An diesem Platz fühlte ich mich immer „unter Strom".

Ich bat die Aufgestiegenen Meister um Hilfe. Besonders St. Germain mit der transformierenden Violetten Flamme. Ich meditierte und spürte, wie die Violette Flamme das Haus in den Grundrissen und unser Grundstück entlang wanderte und die schädlichen Strahlen für uns umwandelte, umwandelte in liebevolle Strahlen. Um St. Germain zu helfen, legte ich auf die violetten Wirbel meine Reiki-Symbole und als Dank für die Hilfe, die er mir zuteil werden ließ.

Nachdem der Boden so „behandelt" worden war, zog sich St. Germain zurück, und Lady Nada füllte alles mit liebevoller Energie.

Mir bleibt nur ein inniges DANKE."

M. aus W.

☆☆☆

„Ich bin sehr dankbar, dass ich den Umgang mit der Violetten Flamme und St. Germain in Ines' Seminar lernen durfte. Ich bitte die Violette Flamme öfter zu mir, und sie hilft immer.

Ich möchte eine Situation schildern.

Es war Montagmorgen und ich rief meine Nachbarin an, um sie zum Tee einzuladen. Sie war sehr unfreundlich und sehr kurz „angebunden". Während des Gesprächs habe ich die Violette Flamme gebeten, sich zwischen uns zu stellen, damit ich nur die positiven Gedanken meiner Nachbarin aufnehme. Das Gespräch beendete sie sehr schnell, und ich konnte noch nicht einmal meine Einladung aussprechen. Ich fing an, mich zu ärgern und nicht so nette Dinge über meine Nachbarin zu denken. Ich bat die Violette Flamme zu mir, stellte mich hinein und fragte in Gedanken, ob meine Nachbarin auch mit in die Violette Flamme wolle.

Sie nickte. Also standen wir beide in der Flamme. Eine Stunde später rief sie mich an und entschuldigte sich bei mir, und wir tranken lachend einen Tee.“

S. aus W.

☆☆☆

„In der Meditation werden wir angewiesen, nach Situationen der Angst zu schauen und sie in die Violette Flamme zu geben, damit sie sich verwandeln kann.
In meinem Inneren steigen Bilder auf, impulsiv, farbkräftig und drängend:

Sie peitschen auf mich ein, mit ledernen vielstrahligen Peitschen, es sind mehrere, der Raum ist erfüllt von ihrer Aggression. Ich wende mich ab, versuche vergeblich, den Körper zu verbergen und zu schützen, die Aggression der Häscher zu besänftigen, es gelingt nicht. Ich werde sterben. Ich bin noch nicht alt – ich bin männlich. Meine Gedanken und mein Blick gehen hinaus aus dem Raum, der erfüllt ist mit tödlichen Energien. Ich sehe eine Frau, die innig liebend ihren Blick auf mich gerichtet hat, und die unschuldigen Augen der Kinder. Sie zurückzulassen ist der größte Schmerz. Die Trauer in den Augen dieser Menschen, die ich über alles liebe, erfüllt mich mit einem so großen Schmerz, dass der körperliche Schmerz der Peitschenhiebe völlig bedeutungslos ist.

Ich breche zusammen, robbe mich in meinem Blut über den Boden und erreiche andere stöhnende Leiber. Eine scharfe Waffe sticht in meinen Rücken und durchbohrt mein Herz. (Der Einstich ist genau an der Stelle, an der ich seit Tagen einen Schmerz verspüre und das Gefühl, dort sei ein Loch.)

Das Gefühl des nahenden Todes ist unbeschreiblich schön, das Blut entweicht langsam in einem tröstlichen Fluss aus meinem Körper und vereint sich mit dem Blut der Mitleidenden. Wir sind im Leid tröstlich vereint, wir sind nicht allein, und unser Blut umfließt uns in einem Strom, der uns umschmeichelt. Die Sinne schwinden, alles wird leicht, weich und wie in Watte getaucht. Der Tod ist so gnädig, so liebevoll und so sanft. Ich begrüße ihn voller Dankbarkeit und Freude, aber ganz tief in meinem Herzen sitzt die unbegrenzte Trauer darüber, dass ich die Aggression der Häscher nicht besänftigen konnte und die Frau und die Kinder allein lassen musste. Diese tiefe Angst vor der Aggression und die tiefe Trauer nehme ich mit in den Tod.

Dieses tief greifende Meditationserlebnis taucht über viele Tage immer wieder auf und beschäftigt mich.

Immer wieder gebe ich es in die Violette Flamme.

Es wandelt sich in Rosen der Liebe.

Ich konnte mit den Aggressionen meiner Mitmenschen im Allgemeinen nicht umgehen, und mit der meines Vaters, meines Ehemannes und der meiner Beziehungspartner erst recht nicht. Sie machten mir unendliche Angst, und ich tat alles, um die Aggressionen zu verhindern, ich passte mich an bis zur Unkenntlichkeit. Ich war krankhaft selbstlos und förderte damit den Egoismus meiner Mitmenschen. Wenn ich mich auflehnte, anstatt die Aggressionen zu dämpfen oder mein Gegenüber zu schonen, glaubte ich, ich müsste sterben.

Das ist eine Lernaufgabe meines Lebens, wie ich inzwischen erkannt habe.

Ich merke zunehmend, dass ich für mich einstehe, dass ich auch die Wut und die Verzweiflung äußere, die sich aus meinem Herzen heraus formulieren will. Ich wachse, und meine Mitmenschen haben so auch die Möglichkeit zu wachsen.

Angst verschließt die Türen des Herzens. Die Angst vor der Aggression der anderen hat mein Herz verschlossen und mich abhängig gemacht. Ich lerne es, die Aggression auszuhalten und auch Gefühle wie Wut zu leben. Auch das Wesen der Wut ist Liebe, Liebe, die nicht fließt, sich nicht äußern, nicht manifestieren darf. Ich lerne es, die Wut in meinem Herzen zu spüren und sie auszudrücken, auch wenn ich die Aggression aushalten muss. Ich überwinde zunehmend meine tödlichen Ängste und habe den Mut, die Wut auszudrücken. Es ist heilbringend, für mich wie für meine Mitmenschen. Ich treffe mein Gegenüber persönlich und schmerzhaft, aber ich spüre, wie sein Herz sich unter dem Schmerz öffnen kann.

Dank an die Violette Flamme, die immer wieder erneut die Angst aufnimmt und die Wut aus dem Herzen fließen lässt, damit Liebe sich entwickeln kann."

E. aus M.

☆☆☆

„Die Arbeit mit der Flamme der Transformation ist ein einziges Geschenk. Es ist Gnade! Es geht bei dieser Arbeit um einen ständigen Wachstumsprozess, ein ständiges Leichterwerden – nicht abgehoben, sondern beständig.

Im Wesentlichen geht es um die eigene Befreiung. Die Befreiung aus Ängsten, Verstrickungen – im Grunde ALLES, was uns gefangen hält und unfrei macht. Es geht einzig und allein darum zu erkennen, wer du wirklich bist. Was für ein Segen!

Ich bezeichne die Flamme mittlerweile als göttliches Feuer, als Flamme der Wahrheit. Sie zeigt dir alles und nimmt dir alles. Es ist ein unbeschreibliches Erlebnis, dieses an sich selbst erfahren zu dürfen.

Ein ganz persönliches Beispiel ist folgendes, wobei ich noch mitten im Prozess bin:

Als Teenager besuchte ich einen Tanzkurs und verliebte mich in meinen damaligen Tanzpartner. Ich glaube, er war meine erste große Liebe. Während ich tief für ihn empfand, war er nur auf ein Abenteuer aus. Eines Tages eröffnete er mir, dass er neben mir noch mit einem anderen Mädchen „was am Laufen hatte". Damit war die Sache für mich vorbei!

Irgendwann hatten wir dann beide feste Partner, trafen uns jedoch als Freunde noch ab und an, bis auch das im Sande verlief.

Nach zwölf Jahren, in denen wir keine Verbindung hatten, trafen wir uns wieder.

Es traf uns wie der Blitz! Mein Gott, was für eine Energie! Wir hatten das Gefühl, uns endlich gefunden zu haben. Doch auch dieses Mal erlebten wir eine bittere Enttäuschung. Wir bekriegten uns, bis ich völlig zerstört am Boden lag. Jetzt, im Nachhinein, kann ich nur noch lachen. Es ist so offensichtlich, was geschah. Nur so war Auferstehung möglich. WIRKLICHE AUFERSTEHUNG!

Während es mir noch schlecht ging, riet mir meine Freundin Ines, mit der Violetten Flamme zu arbeiten. Ich hatte vollkommen vergessen, dass es diese Möglichkeit gibt. Ich ließ mich wieder darauf ein, auf das Feuer der Transformation. Mehr denn je war ich bereit, mich von allem zu befreien, befreien zu lassen. Es wurde immer intensiver, ging immer tiefer, immer tiefer.

An einem Punkt konnte ich sehen, wie verstrickt ich mit diesem Mann war, wie unfrei wir beide waren. Als ich das erkannte, zögerte ich keine Sekunde und durchtrennte das Band der Abhängigkeit. Was seitdem geschieht, ist nicht mehr in Worte zu kleiden.

Pures Sein, reine Freude, unbeschreibliche Klarheit erfüllen mich. Ich bin eins mit allem, und alles ist in mir. Es ist ein ständiger Fluss, unaufhörlich fließt es, strömt es. Und immer wieder darf ich in die Stille eintauchen, erfahren, was ist. Ich kann ES nicht erklären – unmöglich. Dafür gibt es keine Worte!

Was den Mann angeht, ich weiß jetzt, dass wir eins sind. Für immer. Denn durch ihn durfte ich finden, was ich wirklich suchte!"

P.

☆☆☆

„Ich bin Hausfrau und Mutter und gehe seit 2 ½ Jahren meinen Weg mit den Aufgestiegenen Meistern. Durch die Teilnahme an Kursen wurde ich mit dem Wissen um die Weiße Bruderschaft mehr und mehr bekannt. Die in den Meditationen empfangenen Botschaften dienten der Klarheit für bestimmte Fragen, Probleme oder Entwicklungsprozesse. Welche wundervolle Hilfe wurde mir hier zuteil. An einigen dieser Abende wurde dann über die Violette Flamme gesprochen. Doch jedes Mal, wenn die Gruppe an dieses Wissen herangeführt wurde, war ich nicht anwesend. Meine Neugierde war geweckt, und ich bat um nähere Erklärung. So fing ich langsam an, mit dieser Kraft zu arbeiten. Meine Anfänge waren recht zaghaft, doch mittlerweile setze ich sie mehr und mehr ein.

Ein Beispiel ist eine aufkeimende Erkältung:

Ich fühlte mich schlapp und fing an zu niesen, Schnupfen kam auf. Ich setzte mich am Morgen hin und ließ die Violette Flamme durch meinen Körper gleiten. Ich bat um Reinigung und Wandlung der destruktiven Kräfte in mir und ging mit meiner Vorstellung besonders zu den Körperteilen, die von der beginnenden Erkältung betroffen waren. Ich hüllte sie in die violette Kraft ein, und es ging mir den ganzen Tag über gut. Meine Mattheit legte sich, mein Schnupfen war am nächsten Tag wie weggeblasen! Dies wiederholte ich nun jeden Morgen, und ich wurde nicht krank!

Ein weiteres Beispiel, ein Ereignis, das mich selbst sehr überraschte:

Mein Mann hatte sich an einer Kreissäge verletzt. Sein linker Ringfinger war arg verletzt, so dass wir in die Notaufnahme des Krankenhauses fahren mussten. Hier war eine Menge los und wir wurden zum Warten aufgefordert. Es ergab sich, dass ich einfach seinen Finger in meine Hände legte und mich auf seine Verletzung konzentrierte. Nach kurzer Zeit merkte ich die Wärme, die in meinen Händen entstand, und mein Mann bestätigte mir, wie wohl ihm dies tat. Meine Handflächen begannen zu kribbeln. Einmal entfernte er seinen verletzten Finger und sofort hatte er wieder Schmerzen und bat darum, ich möge seinen Finger weiter in meinen Händen halten. Was ging hier vor? Die Verletzung heilte innerhalb von zwei Wochen, doch was blieb, war das Erstaunen über das Geschehene. In einem Channeling wurde mir gesagt, ich möge mehr mit meinen Händen arbeiten und mir vorstellen, wie die Violette Flamme aus meinen Händen austritt und die zu heilende Region des Körpers berührt. So verfahre ich immer häufiger und habe auch hier Erfahrungen gesammelt.

Als meine Tochter Husten hatte, habe ich meine Hände auf ihren Rücken und Brustkorb gelegt und mir vorgestellt, wie die Violette Flamme aus meinen Handflächen austritt. In dieser Nacht hustete sie nicht. Seit kurzem lege ich meine Hände auf ihre Schläfen, kurz vor der Nachtruhe. Sie schläft seitdem ruhiger. Auch ihre Lernschwierigkeiten sind, seitdem ich meine Hände an ihre Schläfen lege, nicht mehr so massiv. Ihre Lernschwierigkeiten sind nicht verschwunden, doch es ist eine Besserung eingetreten.

Von Zeit zu Zeit habe ich Probleme mit meiner Lehrerin (bin in einer Ausbildung). Dann stelle ich dieses Problem in die Flamme und bitte um Unterstützung und Wandlung. Es bleibt nicht ohne Wirkung. So auch an einem Ausbildungswochenende. Die Atmosphäre war zu Beginn sehr emotionsgeladen, es war keine Harmonie zwischen den Teilnehmern und der Lehrkraft vorhanden.

Ich habe dann die Violette Flamme in den Raum gestellt und um Wandlung gebeten. Das Wochenende wurde sehr schön. Die Atmosphäre hatte sich zum Vorteil verändert.

Es ließen sich noch weitere Beispiele finden und es werden noch mehr hinzukommen. Ich kann nur jeden dazu auffordern, eigene Erfahrungen im Umgang mit dieser wundervollen Kraft zu machen. Die Violette Flamme ist eine wirkliche Hilfe im Alltag, überall."

C. H. aus T.

☆☆☆

„Ich hatte abends starke Rückenschmerzen im unteren Lendenbereich und konnte mich kaum noch im Bett drehen. Nachdem alle Versuche gescheitert waren, mich durch Entspannungsübungen, Dehn- und Streckübungen körperlich wieder ins Lot zu bringen, kam mir die Idee, es mit dem violetten Strahl zu versuchen. Ich dachte an St. Germain und bat ihn von ganzem Herzen um die Auflösung meiner Schmerzen. Ich stellte mir das violette Licht vor und legte meinen Schmerz dort hinein. Nach circa drei bis fünf Minuten wurde der Schmerz weniger und schrumpfte auf ein erträgliches Minimum herab, so dass ich mich ohne große Anstrengungen umdrehen konnte.

Ich wohne in einem Mietshaus, das sehr hellhörig ist. Alles, was mein Nachbar tut, überträgt sich in meine Wohnung. Eines Nachts kamen meine Nachbarn nach Hause, und schon ging der Krach wieder los. Jeder Schritt ihrer Schuhe übertrug sich als Geklacker auf den Kachelfußböden. Jedes Rücken von Gegenständen auf Tisch- und Arbeitsplatten war mit einem unangenehmen Klopfen, Rascheln und Schleifgeräuschen verbunden. Hinzu kamen das Aus- und Einfahren von Rollschubläden und der Schlafcouch. Nach circa zwanzig Minuten war ich so genervt – ich hatte bereits fest geschlafen – dass ich mit Klopfen reagieren wollte. Ich besann mich eines Besseren und dachte spontan an das violette Licht von St. Germain. Ich hüllte alle Geräusche in das violette Licht ein. Schon nach wenigen Minuten war Ruhe."

H. aus F.

☆☆☆

„Ich bin Heilpraktikerin, Hausfrau, Mutter von zwei Kindern, Buchhalterin und Organisatorin meiner Praxis, die ich mit meinem Partner teile. Er arbeitet mehr auf der körperlichen Ebene, ich im geistig – seelischen Bereich. Obwohl ich auch Patienten und Erfolge hatte, fühlte ich mich ihm gegenüber ständig minderwertig. Er hatte mehr Patienten, er war der Hauptverdiener. Was ich dazuverdiente, war im Verhältnis geringfügig. Ich sagte mir, dass ich ja auch noch andere Aufgaben zu bewältigen hätte, doch das Gefühl der Unzulänglichkeit blieb. So führte ich einen ständigen Kleinkrieg mit mir, um nicht wütend, egoistisch oder eifersüchtig zu sein. Positive Gedankenaffirmationen halfen nur geringfügig weiter. Das ging so über Jahre. Dieses Jahr hörte ich von den Heiligen Flammen und begann zuerst mit der Violetten Flamme und dann mit der grünen Heilflamme zu arbeiten. Jeden Tag, aber immer nur kurz. Ich gewöhnte mir an, mit einem Pendel auszutesten, was ich brauchte.

Eines Tages besuchten mein Partner und ich ein Seminar über Geistheilung. Ein Teil von mir war sehr wütend, weil er diesen Bereich auch noch übernehmen wollte, aber ich wollte diesen Kleinkrieg mit mir nicht mehr. Also setzte ich mich hin und übergab alles der grünen Heilflamme. Nach kurzer Meditation sah ich vor meinen inneren Augen, wie eine Frau kopfüber in ein Meer hineinsprang und voller Freude und überglücklich wieder hochkam. Gleichzeitig ging durch meinen Körper ein Ruck. Ein Seelenteil hatte sich wieder eingeklinkt. Die negativen Glaubenssätze, das Gefühl, nicht gleichwertig zu sein, der ganze Konkurrenzkampf lösten sich schlagartig auf. Das Problem existiert seit diesem Moment nicht mehr. Vielen Dank."

A. (Heilpraktikerin) aus H.

Botschaft von Kwan Yin

Geliebte Freunde, ich bin Kwan Yin. Auch ich diene auf dem siebten Strahl und möchte zu euch sprechen über Glückseligkeit, Freude und Fülle, die aus der erfolgten Transformation erwächst, sowie über Mitgefühl und Barmherzigkeit.

Ein Herz, das sich frei fühlt, ist ein offenes, mitfühlendes Herz. Ein Mensch, der im Bewusstsein der Freiheit lebt, wendet sich in Liebe seinem Nächsten hin, ist achtsam mit der Natur und Freund mit allen Lebewesen. Ich sende euch Ströme der Liebe in eure Herzen, auf dass ihr euch wärmt an der kosmischen Liebe, der göttlichen Quelle des ICH BIN.

ICH BIN Barmherzigkeit, Liebe und Mitgefühl.
ICH BIN bereit, in jedem Menschen das Gute zu sehen.
Ich empfange Liebe und gebe sie weiter.

Geliebte Freunde, Liebe ist kein Besitztum. Sie ist nicht dazu gedacht, sie zurückzuhalten. Liebe ist zum Fließen geboren, und so bist auch du geboren, um im Fluss der Liebe zu sein. Und das meint, die Liebe, die du dankbar empfängst, fließen zu lassen, unabhängig und frei von Angst. Warum nur hast du so viel Angst vor der Liebe? Wenn du es willst, kann dein Leben ein einziges Liebesabenteuer sein. Lass die Liebe fließen, ich bitte dich, zu Allem-was-ist. Liebe vermag Heilung zu bringen, das Licht der Liebe erhellt jede Finsternis. Scheue dich nicht. Beginne zu lieben, total zu lieben, dich selbst und deinen Nächsten. Durch die Liebe, die du gibst, trägst du dazu bei, dein höchstes Potenzial zur Entfaltung zu bringen, denn du weißt, was du aussendest, kehrt in dein eigenes Herz ein.

Die folgende Meditation dient dazu, all das aufzulösen, was dich noch daran hindert, dich vertrauensvoll dem Fluss deines Lebens hinzugeben.

Meditation „Im Fluss sein“

Und du richtest dich aus zwischen Himmel und Erde, indem du dir noch einmal ganz bewusst vorstellst, wie deine Lichtwurzeln in die Erde hineinwachsen. Über die Einatmung nimmst du die Liebe und das Mitgefühl von Mutter Erde auf, und über die Ausatmung lässt du los. Alles, was du jetzt nicht mehr brauchst, alles, wovon du dich jetzt lösen willst, lässt du in die Erde fließen mit der Bitte, dass Mutter Erde es transformiert, kraft ihrer Liebe.

Und du atmest die Liebe von Mutter Erde ganz bewusst in dein Wurzelchakra und lässt jetzt in deinem Wurzelchakra das Bild einer Lotusblüte entstehen. Diese nimmt die Liebe der Erde auf. Die Energie der Liebe und mütterlichen Wärme sammelt sich im Lotus. Die Lotusblüte erstrahlt in den wärmenden Farben Rot, Orange und Gold. Die nährende Liebe von Mutter Erde und ihr Mitgefühl für deinen Weg, den du dir gewählt hast, für all die Schmerzen, die du erlitten hast, für all die Traurigkeiten, die du erlebt hast, all die Enttäuschungen, die dir widerfahren sind, strömen jetzt zu dir. Durch die Liebe und das Mitgefühl von Mutter Erde beginnt die Lotusblüte zu wachsen und du siehst in ihr dein Inneres Kind, um das sich die Blätter der Lotusblüte jetzt schützend und nährend legen. Du spürst die Anwesenheit der Aufgestiegenen Meisterin Kwan Yin, die jetzt ihre Energien von Liebe, Wärme und tiefstem Mitgefühl zu deinem Inneren Kind lenkt. Und du siehst auch die Wunden, die dein Inneres Kind davongetragen hat auf seiner Erdenreise durch diese und frühere Inkarnationen. Und während du die Verletzungen deines Inneren Kindes anschaust, tauchen Bilder und Situationen aus deiner Vergangenheit auf. Und es ist in Ordnung. Du weißt, dass du jetzt die Kraft, die Stärke und den erforderlichen Mut hast, dir diese Bilder anzuschauen. Und es ist nicht wichtig, dass du noch einmal tief fühlst; es ist nur wichtig, dass du noch einmal hinschaust und damit zu dir nimmst, was zu dir gehört. Und es ist gut so. Lass dir nun Zeit, die Zeit, die du brauchst, um einfach hinzuschauen.

Und während du hinschaust, atmest du ganz tief und ruhig in dein Wurzelchakra und in dein Sakralchakra. Und es ist gut so.

Jetzt lässt du ganz bewusst die schrecklichen Bilder der Vergangenheit los und öffnest dich für die Vision der Freude.

Durch die Liebe und das Mitgefühl der Aufgestiegenen Meisterin Kwan Yin sind alle Wunden deines Inneren Kindes geheilt und du öffnest dich für die Vision der Freude.

Ein Delfin nähert sich deinem Inneren Kind, und er beginnt, es mit seiner singenden Stimme mit heilbringenden Lauten zu beschallen. Die Laute des Delfins dringen tief in die Zellen des physischen Körpers ein, um dort die Energie der Lebensfreude zu aktivieren. Ein freudiges Schauern durchströmt deinen Körper, als du siehst, wie dein Inneres Kind beginnt, mit dem Delfin zu spielen. Ihre Freude am Spiel ist ansteckend, sodass auch im Herzen der/des Erwachsenen kein Raum mehr ist, um an der Vergangenheit festzuhalten und um die erlittenen Schmerzen zu trauern. Es ist nur mehr Raum für unendliche Freude, Lachen, Spiel, für Fülle und Erfüllung.

Dann ist es Zeit, sich von dem Delfin zu verabschieden, doch du weißt, dass du ihn jederzeit an deine Seite und an die Seite deines Inneren Kindes rufen kannst, um dich mit heilenden Strömen zu versorgen und dich an den Tanz und die Ekstase der Freude und Fülle des Lebens zu erinnern.

Du nimmst dein geheiltes Kind an dein Herz.

Langsam verblassen die Bilder. Doch da ist das Gefühl von tief erfolgter Heilung, Heilung deines Herzens.

Du bedankst dich bei Kwan Yin, Mutter Erde und den Delfinen für ihre Hilfe.

Dann wirst du dir wieder der Dimensionen von Raum und Zeit bewusst, bewegst deinen physischen Körper ganz sanft, um dann gut geerdet wieder vollkommen mit Körper, Geist und Seele im Hier und Jetzt zu sein.

In Liebe und tiefem Mitgefühl für das Menschsein.

Kwan Yin und die Delfine

☆☆☆

Die drei Tage, in denen ich die Botschaft und die Meditation von Kwan Yin aufschrieb, waren sehr lehrreich für mich. Abends erhielt ich die folgenden Worte von den Meistern:

„Wir wollen dich heute in Orange sehen."

Also gut, ich zog etwas Orangefarbenes an und begab mich an den Computer. Sofort meldete sich Kwan Yin, um ihre Botschaft durchzugeben. Ich stellte ihr Bild neben den Computer und begann mit dem Schreiben. Gern gab ich mich ihrer sanften, liebevoll fließenden Energie hin. Mit Kwan Yin zu arbeiten ist jedes Mal eine große Freude für mich.

Ich kam nicht sehr weit mit dem Schreiben. Nachts ist einfach nicht meine Zeit, und so wurde ich schnell müde. Kwan Yin bot mir in ihrer mitfühlenden Art an, am nächsten Tag weiterzuschreiben. Gerne nahm ich dieses Angebot an. Bevor wir aufhörten, sagte mir Kwan Yin, dass mein tiefes Einlassen auf ihre Energie nicht ohne Folgen bleiben würde. Nun gut, das war in Ordnung für mich.

Am darauffolgenden Morgen kam eine Channel-Klientin zu mir. Für dieses Channeling trug ich orange-rot-goldene Kleidung, und ich ahnte, dass diese Frau kam, um mit Kwan Yin zu sprechen. Und so war es auch. Es war eine tief berührende Sitzung, in der es um das Thema Fließen ging, und so flossen auch viele bisher ungeweinte Tränen. Kwan Yin war mit ihrer Liebe da, wie eine Mutter, die ihr Kind bedingungslos liebend und annehmend genau dort abholt, wo es in seiner Entwicklung steht.

Aus diesem Channeling möchte ich zwei Übungen erwähnen:

Übung 1:

Male einen rot-orange-goldenen Lotus. Klebe ein Kinderfoto von dir hinein und lass dieses Bild energetisch circa drei Wochen lang für dich wirken.

Übung 2:

Falls du das Problem haben solltest, in Meditationen zu sehr wegzufließen, bitte dein Höheres Selbst, dir ein Symbol zu geben, das dir bei der Konzentration deiner Energien hilft.

Visualisiere das Symbol in deinem Herzen, um dich dort zu zentrieren, bevor du mit deiner Meditation beginnst.

Nun hat Fließen ja sehr viel mit unseren Emotionen zu tun, und die Farbe Orange ist die Farbe, die mit dem Sakralchakra in Verbindung steht. Dieses Chakra wird assoziiert mit dem Wasserelement. Dass die Meditation von Kwan Yin auf diesen Bereich eine heilende Wirkung hat, sollte ich nun erfahren. Auch sollte ich erfahren, wie nah emotionale Verwundung und Heilung beieinander liegen.

Die emotionale Verletzung erlebte ich innerhalb eines Telefonats. Es war das Gefühl zwischenmenschlicher Enttäuschung, das ich in diesem Leben schon allzuoft erfahren hatte. Ich spürte einen Schmerz in der Nierengegend – und plötzlich war die Erkenntnis da: Ich versuchte schon seit einiger Zeit, die Ursache für eine immer wiederkehrende Störung im Bereich Niere/Blase, also in den dem Wasserelement zugeordneten Meridianen, herauszufinden.

Endlich hatte ich mit Hilfe der Energie von Kwan Yin den Zusammenhang erkannt. Nachtragend wie ich war, hatte ich sämtliche emotionale Enttäuschungen einfach in meinen Nieren abgelegt, anstatt den Menschen, die mir diese zugefügt hatten, ehrlich zu vergeben. Das Festhalten dieser Emotionen verursachte immer wieder von neuem Disharmonien im Wasserelement. Mir wurde klar, dass kein Medikament der Welt meine Nieren heilen konnte, wenn ich nicht mein Energiesystem von diesem alten Ballast befreien würde.

Und genau das geschah in der Meditation mit Kwan Yin. Mein Inneres Kind fand tiefe Heilung, und die Erwachsene fand zu ihrer Freude an zwischenmenschlichen Beziehungen und zu ihrer natürlichen Offenheit zurück. Ich bin, wie ich bin, und das zu leben, tut mir unendlich gut. Indem ich so bin, wie ich bin, bringe ich die Energie in eine zwischenmenschliche Beziehung hinein, die es meinem Gegenüber erleichtert, ebenfalls so zu sein, wie sie oder er ist – authentisch und wahr.

Und noch etwas ereignete sich in diesen drei Tagen. Ich möchte es hier aufschreiben, um euch zu zeigen, wie nah uns die Meister im Alltag sind. Es ist an uns, mit offenen Augen durchs Leben zu gehen und die Symbolik und Botschaften der Meister im Alltag zu erkennen. Die Meister sprechen die Sprache Gottes. Gott offenbahrt sich in unserem täglichen Sein. Im Alltag dürfen wir Gott erkennen, seiner Allgegenwart gewahr sein.

Wenn ich einem anderen Menschen in die Augen schaue, dann begegne ich Gott. Und so oft begegne ich in einem anderen Menschen meinem Lehrer und Meister oder in einem Tier, in einem Stein oder einer Pflanze, einem Baum, dem Meer, in Allem-was-ist.

Gleich nachdem ich diese emotionale Enttäuschung spüren durfte, zeigte mir Hilarion ein Bild. Wir saßen uns auf einer Wiese gegenüber. Hilarion saß in seiner liebevollen, sanft-väterlichen Art mir offen zugewandt. Ich jedoch hatte ihm schmollend den Rücken zugekehrt. Ich war eingeschnappt, und ich erkannte, dass ich unbewusst ihm, meinem Geistführer, die Schuld für diese Verletzung gegeben hatte. Er hätte mich ja schließlich vor dieser Enttäuschung bewahren können. Hilarion redete sanft auf mich ein, ich möge mich ihm doch wieder vertrauensvoll zuwenden. Ich schmollte noch einige Zeit, doch seine Liebe für mich war so stark, dass ich mich schließlich doch wieder umwandte. Die Liebe, die er in mein Herz fließen ließ, trug dazu bei, dass auch die Herzenswunden heilen konnten. Mir kam die Redensart in den Sinn, „etwas auf Herz und Nieren zu prüfen“. Genau das war gerade geschehen. Ich wurde auf Herz und Nieren geprüft und durch meinen Mut, hinzuschauen und durch meine Bereitschaft zur Ehrlichkeit durfte tiefgreifende Heilung geschehen. Meine Nieren schmerzten nun nicht mehr und ich fühlte die Balance des Wasserelements.

Tiefe emotionale Heilung war geschehen.

Ich entdeckte zu dem Bild, das Hilarion mir gab, die Parallele im Alltag. Mein Hund hatte eine schmerzhafte Pfotenverletzung, die nur schlecht heilen wollte. Ein Fremdkörper war in seine Pfote eingedrungen und musste nun von selbst wieder herauskommen. Ich unterstützte den Heilungsprozess durch Gaben des Schüssler-Salzes Silicea, tägliche Bäder mit Himalaya-Salz und dem anschließenden Aufsprühen von Aloe Vera. Tag für Tag erlebte ich mit Balu dieselbe Situation, die ich mit Hilarion gerade erlebt hatte. Weil Balu wusste, dass ich ihm wehtun würde, kam er nicht gerne zu mir. Er blieb in einigem Abstand vor mir stehen und kam erst nach gutem Zureden, um sich von mir behandeln zu lassen. Obwohl das Salzwasser und Aloe Vera in seinen offenen Wunden brannten, kam er vertrauensvoll zu mir, um sich wehtun zu lassen. Instinktiv spürte er, dass es zu seiner Heilung beitrug und aus Liebe zu seinem Besten geschah.

So kann es gehen mit den Meistern. Aus Liebe und aufgrund unserer Bereitschaft zu tiefer Heilung, führen sie uns in Situationen, in denen gerade unsere alten Wunden noch einmal angerührt werden. Doch gleichzeitig stellen sie die Energie und Hilfe bereit, diese Wunden nun endlich wirklich ausheilen zu können. Und dafür sage ich Dank.

... und noch eine Geschichte

Mein Mann und ich verbrachten unseren Sommerurlaub in der Toskana. Eines Tages machten wir uns mit dem Auto auf den Weg zu einer der bekannten Schwefelquellen, um dort ein heilendes Bad zu nehmen.

Auf der Fahrt dorthin bekamen wir Streit. Mein Mann beschwerte sich darüber, dass ich zu 98 % mit meinem Geistführer Hilarion und den anderen Aufgestiegenen Meistern „verheiratet“ sei, während er nur zwei Prozent Aufmerksamkeit bekommen würde. Ich sah das natürlich anders – und doch, je länger ich darüber nachdachte, desto mehr entdeckte ich das Körnchen Wahrheit darin. Ich war zwar oft physisch anwesend, doch kommunizierte ich sehr häufig in Gedanken mit den Aufgestiegenen Meistern. Ich erhielt oft Botschaften oder auch Schulungen, denn wieder einmal war es den Meistern egal, dass ich eigentlich Urlaub hatte. Sie nutzen gerne Arbeitspausen, um mich in meinem persönlichen Wachstum zu fördern, was ich durchaus nicht immer sofort dankbar als einen Akt der Liebe annehme.

Nun war es wieder einmal soweit.

Noch dazu wusste ich, dass unsere emotionale Heilung intensiv durch Erzengel Raphael begleitet wurde. Das teilte sich mir einen Tag vorher mit. Als es meinem Mann physisch nicht gut ging, bat ich die Engel um Hilfe. Raphael erschien und strahlte sein Licht in unser beider Kronenchakra. Es war ein wunderschönes Bild, und noch heute erfüllt mich die prompte Hilfe mit tiefer Dankbarkeit. Meinem Mann ging es danach zusehends besser.

Also gut, Raphaels Dienst ging weiter und unser Autogespräch dehnte sich auf das Thema Ehe und Freiheit aus. Ich aktivierte die Violette Flamme und bat sie, in meinem Halschakra zu wirken, ahnungslos, was ich dadurch lostreten würde. Wir stritten uns nicht besonders laut, doch verstanden wir uns einander einfach nicht oder wollten uns nicht verstehen. Ich dachte, die Violette Flamme könne da zur Klärung helfen.

Doch mit dem, was nun folgte, hatte ich wirklich nicht gerechnet. Zuerst flog mir eine Hummel auf den Schoß. Sie war ganz kraftlos, und ich bekam „von oben" gesagt, dass ich sie töten müsse, um sie zu erlösen. Schweren Herzens tat ich es. Wir fuhren weiter.

Durch das Ereignis mit der Hummel und meine verzweifelten Versuche, mich gegen die Worte meines Mannes zu wehren, war ich mittlerweile den Tränen nahe. Wir fuhren weiter. Drei wunderschöne Eisvögel, weiß mit blauen Flügeln, kreuzten unseren Weg. Sie flogen sehr tief. Wir konnten nicht mehr rechtzeitig bremsen und trafen einen der Vögel mit dem Auto. Wir hielten an und liefen zu ihm. Von oben riefen seine Freunde.

Der Vogel war so schwer verletzt, dass wir auch ihn erlösen mussten. Mein Mann übernahm dies, denn ich war inzwischen schon hysterisch am Weinen. So eine Tragödie!

Bevor mein Mann ihn erlöste, sah der Vogel ihn an und schrie. Dieses Tier zu töten war wie ein Opfer, das Klaus für die Ehe mit mir und meinen Weg mit den Meistern brachte. Geschockt und aufgewühlt fuhren wir weiter, doch hatte dieses Erlebnis unsere Herzen wieder füreinander geöffnet. Da war so viel Schmerz, und dieser Schmerz rann in Form von Tränenbächen aus meinen Augen. Ich erinnerte mich an Hilarions eindringliche Worte: „Wer soll denn deine Tränen weinen?" Immer wieder hatte er mich dies in der Vergangenheit gefragt. Und jetzt weinte ich. Ich weinte um meine schmerzhafte Vergangenheit, und ich weinte darum, in meiner Andersartigkeit nicht verstanden zu werden. Ich weinte darum, wie schwer es oft für mich war, in dieser irdischen Welt klarzukommen. Und ich weinte um mein Zuhause, die himmlischen Sphären, die mir oft viel vertrauter waren als das Irdische.

Ich bat Klaus, umzukehren. Ich hatte absolut keine Lust mehr, zu dieser Schwefelquelle zu fahren, auch wenn sie noch so heilsam sein sollte. Doch nach vier Stunden Fahrt wollte mein Mann gerne zum Ziel. Wir fuhren weiter. Und dann, als wir, inzwischen wieder versöhnt und uns eindeutig unserer Liebe füreinander wieder bewusst, in der warmen Quelle badeten, zeigte uns St. Germain die wahre Kraft der Violetten Flamme.

Vor unseren Augen verwandelte sich mein goldener Ehering zunächst in V i o l e t t und dann in einen unansehnlichen Kupferton. Er war vor unseren Augen zu Schrott geworden und sah nun aus wie ein billiger Ring aus einem Kaugummiautomaten, während Klaus Ring seine glänzende goldene Farbe behielt. Oh Wunder!

Wir verließen dann bald die Quelle. Als wir draußen im Freien saßen, fühlte sich die Energie um uns herum plötzlich wie ein Kreis an, und für einige Momente waren wir eingetaucht in das Gefühl von Vollkommenheit. Ein vollkommener Tag, vollkommene Heilung, vollkommene Transformation der verletzten Gefühle.

St. Germain steht für das Thema Freiheit, und wir sind überzeugt davon, dass uns die Hummel und der Vogel als Symbole der Freiheit geschickt wurden, die sich opferten, damit für uns Heilung auf einer tieferen Ebene geschehen konnte.

Wieder zu Hause angekommen, brachte ich meinen Ring zum Juwelier. Es stellte sich heraus, dass mein Ring nur acht Karat Gold hatte, während Klaus Ring aus sechzehn Karat Gold war. Der Ring hatte sich also aufgrund einer chemischen Reaktion verändert und konnte wiederhergestellt werden. Doch er ist nicht mehr derselbe wie vorher. Der

Transformationsprozess der Violetten Flamme ist nun für immer in ihm gespeichert, und wenn ich den Ring trage, dann tue ich dies mit einem großen Respekt vor der Kraft der Liebe und in dem Bewusstsein, was für ein großes Geschenk es bedeutet, in einer partnerschaftlichen Liebesbeziehung wachsen zu dürfen.

So groß ist die liebende Unterstützung der geistigen Welt, dass ich sie nicht besser in Worte zu kleiden vermag.

Ich kann nur sagen: Es ist Liebe pur – so wie wir alle Liebe sind, und vielleicht sind wir alle ein wenig wie dieser Ring, der ja auch Symbol für die Einheit ist. Wir begeben uns mit unserem Wesen, das reine Liebe ist, und mit unserer Erinnerung an unseren göttlichen Ursprung in die Welt der Materie, gehen durch tiefe Wandlungsprozesse, verlieren vielleicht für einige Zeit unser Strahlen aus den Augen, weil wir den Schleier der Vergessenheit um uns tragen, um dann zu erwachen, uns wieder an unser Gold im Inneren zu erinnern und es in die Welt zu strahlen, nicht nur ein äußerer Schein, sondern ein Strahlen, das tief aus unserem Inneren kommt, aus unserem Herzen.

Möge dieses Buch dazu beitragen, dich an dein wahres Sein zu erinnern. Mögest du den Mut haben, dich mehr und mehr zu befreien, um zu leben, was du bist: *Liebe pur.*

Das wünsche ich dir von ganzem Herzen und in tiefer Dankbarkeit für die liebevolle Unterstützung der geistigen Welt.

Ines Witte-Henriksen

Literaturempfehlungen

„Meister St. Germain – Goldene Regeln“,
Die Brücke zur Freiheit e.V., Berlin

„Meister St. Germain – Die umwandelnde Kraft der violetten Strahlung“
Die Brücke zur Freiheit e.V., Berlin

Debbie Ford, „Die dunkle Seite der Lichtjäger“
Goldmann-Verlag

Claire Avalon, „Wesen und Wirken der Weißen Bruderschaft“,
Smaragd Verlag

Claire Avalon, „Die zwölf göttlichen Strahlen und die Priester von Atlantis“,
Smaragd Verlag

Claire Avalon, „El Morya – Was ihr sät, das erntet ihr“,
Smaragd Verlag

Nora Kircher, „Kristallsalz – Gesundheit aus dem Himalaya“,
Verlag Hier & Jetzt

Dr. med. B. Hendel/P. Ferreira, „Wasser und Salz“.

Über die Autorin

Ines Witte-Henriksen, Jahrgang 1966, ist seit 1995 als Heilpraktikerin tätig. Sie lebt mit ihrem Mann in der Nähe von Flensburg, in einem Öko-Holzhaus. Ines ist ausgebildete Kinesiologin, Aura-Soma-Beraterin und Reiki-Lehrerin.
Mit Neurodermitis geboren, suchte sie bereits mit sechzehn Jahren nach alternativen Heilungsmethoden. Damals entstand auch ihr Wunsch, der Seele des Menschen auf der Erdenreise zu helfen.
„Wenn die Seele sich wohlfühlt, dann folgt der Körper nach. So kann Heilung auf einer tieferen Ebene geschehen."
Früh entdeckte sie die Bach-Blüten-Therapie, die sie heute in ihre Arbeit integriert, ebenso wie die Biochemie nach Dr. Schüssler.
Ständig auf der Suche nach neuen Heilungsimpulsen, die das Leben von Allergikern/Neurodermitikern lebenswerter machen, ist sie glücklich, in dem Instrument der Violetten Flamme auch für diese Patienten ein Handwerkszeug gefunden zu haben, das bei konsequenter Anwendung die Heilung enorm fördern kann. Dass die Violette Flamme mit nahezu allen anderen alternativen Heilmethoden kombiniert werden kann, macht diese zu einem universalen Instrument.
Ines arbeitet als Medium für die Aufgestiegenen Meister. Mit ihnen bietet sie sowohl Einzelsitzungen als auch Seminare zu den Themen „St. Germain – Arbeit mit der Violetten Flamme" und „Hilarion – der grüne Strahl" an. Weitere Seminare sind in Vorbereitung.

Informationen erhalten Sie bei:
Ines Witte-Henriksen
Norderweg 12
24980 Meyn
(Bitte einen ausreichend frankierten DIN A 5 Umschlag beifügen.)

Bitte lesen Sie weiter...

Anna Amaryllis

Die Weiße Bruderschaft – Freunde im Licht

160 Seiten, broschiert, ISBN 3-92637-52-7

Dieses Buch gibt einen Einblick in das Wirken der Weißen Bruderschaft, zu deren Mitgliedern u.a. Jesus, Daskalos, El Morya, St. Germain, die Indianerin No-Eyes und Yogananda gehören. Es vermittelt Zuversicht, Kraft und Freude all denen, die um die Frunde im Licht wissen und sich diesen Energien öffnen.
Das Einstiegsbuch zum Thema DIE GROSSE WEISSE BRUDERSCHAFT.

Claire Avalon

Wesen und Wirken der Weißen Bruderschaft

128 Seiten, DIN A 5, Softcover, ISBN 3-926374-90-X

*„Wie wir wurden, was wir sind –
Und wie wir werden dürfen, um zu sein."*

Die Autorin vermittelt in einfacher und klarer Sprache den Aufbau der Großen Weißen Bruderschaft, einer rein geistigen Hierarchie für unsere Erde, und geht dabei weit zurück bis zu den Ursprüngen unseres Seins. Außerdem weisen die Aufgestiegenen Meister und Weltenlehrer, wie Jesus, Helios, Kuthumi, Maha Cohan, Maitreya, Sanat Kumara, anhand gechannelter Texte den Weg zurück ins Licht.

Claire Avalon

Die Weiße Bruderschaft
EL MORYA: Was ihr sät, das erntet ihr!

256 Seiten, broschiert, ISBN 3-926374-59-4

EL MORYA, Aufgestiegener Meiser und Herrscher des Ersten Strahls, zeigt in diesem Buch über Karma sehr anschaulich, dass es keinen strafenden Gott gibt, sondern jede Seele für das verantwortlich ist, was ihr widerfährt und dass jedes noch so kleine oder große Problem seine Ursache hat. vor allem lässt er uns spüren, dass der Vater allen Seins mit unendlicher Liebe und Güte auf die Rückkehr jeder Seele wartet.
Auch für Therapeut/inn/en ein wichtiges Buch.

Claire Avalon

Die zwölf göttlichen Strahlen und die Priester aus Atlantis

384 Seiten, geb., ISBN 3-934254-12-8

Dieses umfangreiche, ausschließlich gechannelte Werk enthält hochinteressante Informationen über das Wirken der zwölf göttlichen Strahlen und macht uns mit dem neuen und doch alten Basiswissen aus Atlantis vertraut, das uns bisher nicht zur Verfügung stand. Wir lernen 84 atlantische Priester und Priesterinnen kennen, die von EL MORYA vorgestellt werden und dann selbst zu ihren speziellen Aufgaben sprechen. Ein wichtiges Buch, das auch viele Therapeuten, Heilpraktiker und Helfer der Menschheit erreichen möchte.

Hermes Schmid

ANTHAEL – Eine Botschaft aus der Zukunft

184 Seiten, broschiert, ISBN 3-934254-50-0

Ein rätselhaftes Buch aus der Zukunft gerät in die Hände einer scheinbar unbeteiligten Frau und bringt einen Stein ins Rollen, der sich nicht mehr aufhalten lässt.
Es ist die Geschichte eines Menschen, der dort weitermacht, wo Jesus aufhören musste, auch wenn er selbst sich niemals mit jenem gleichsetzt.
Der Erzähler Gregor, zunächst ein Zweifler wie so viele andere, schildert aus seiner Sicht, wie er Anthael begegnet und an seiner Seite staunend und bewegt den Umbruch miterlebt.

Simone Crämer

Sananda: Ihr seid das Licht der Welt

Neue Botschaften zur Bergpredigt

192 Seiten, broschiert, ISBN 3-934254-38-1

Dieses aus der geistigen Welt übermittelte Buch verbindet altes christliches Gedankengut mit dem Christusbewusstsein unseres Neuen Zeitalters.
Der Aufgestiegene Meister und Weltenlehrer SANANDA gibt uns ein Neuverständnis seines Anliegens und knüpft dabei an die Bergpredigt an, jene Eingangsrede zum Neuen Testament, deren immerwährende Gültigkeit und tiefe spirituelle Weisheit noch immer wegweisend für uns ist.

Barbara Vödisch

Sananda – die Neue Zeit ist jetzt

192 Seiten, broschiert, ISBN 3-934254-44-6

Sananda (auf Erden als Jesus Christus bekannt) gibt uns hier für diese Zeit großer Turbulenzen und Herausforderungen im Privaten wie im Weltpolitischen wichtige Hinweise, u.a. auch zum 11. September, zu Macht und Machtmissbrauch, zu den Indigo-Kindern sowie zu Ernährung und Krankheit. Er zeigt eindringlich auf, dass wir auf keine bessere Welt in der Zukunft warten sollen, sondern beschreibt, wie wir hier und jetzt wahren Frieden, die Vollendung finden können, mit Segenssprüchen, Gebeten, Meditationen und Affirmationen sowie zahlreichen praktischen Tipps.

Barbara Vödisch

Einssein mit Gott – das Ende jeder Suche

192 Seiten, broschiert, ISBN 3-934254-08-X

Mit überwältigender Intensität und Dringlichkeit über Wochen, von einer nicht beschreibbaren unendlichen lichten, in in allem enthaltenen Energie erfasst, empfing die Autorin innerhalb kürzester Zeit diese Durchgaben von „ES“, göttliches Sein, das zu uns Menschen spricht, um uns zu helfen, die Einheit mit Gott zu erfahren.
Eins sein mit Gott ist nicht Erleuchteten in Indien, Mönchen oder Asketen vorbehalten. Es ist jedem Menschen zu jeder Zeit möglich.
Dieses Buch räumt daher mit Missverständnissen und Tabus auf und ermutigt und hilft dem spirituell erfahrenen, aber auch dem unerfahrenen und skeptischen Leser, aller Suche ein Ende zu machen und unendliches göttliches Sein, unendliche göttliche Liebe für immer gewahr zu werden.

Barbara Vödisch

Lady Nada: Botschaften der Liebe

196 Seiten, DIN A 5, Softcover, ISBN 3-926374-75-6

Hier ist die Antwort der geistigen Welt zu einem Thema, das die Menschheit seit jeher bewegt hat.
Nada, Aufgestiegene Meisterin, spricht über das Thema Liebe in all seinen Facetten: Die Liebe zu sich selbst und zu anderen; zu Pflanzen und Tieren; Kontakt mit der geistigen Welt – das sind nur einige Themen dieses Buches, aus dem so viel Liebe strömt, dass einem bei der Lektüre ganz warm und das Herz ganz weit wird.

Ava Minatti

Heilung für das Innere Kind

192 Seiten, broschiert, ISBN 3-934254-37-3

Das heile, Innere Kind ist ein Teil in uns, der voller Lebensfreude, Neugierde, Vertrauen und Liebe ist. Wurde es verletzt, agieren wir nicht mehr frei, sondern reagieren ängstlich, trotzig wütend oder traurig. So finden sich in diesem Buch zahlreiche Botschaften, Anregungen und Übungen aus der geistigen Welt, wie Sie sich von der Identifikation mit Ihren schmerzhaften Erfahrungen lösen und sich auf Ihr heiles Inneres Kindsein einlassen können.

Ava Minatti

Die Kinder der Neuen Zeit – Strahlende Funken des Lichts

196 Seiten, broschiert, ISBN 3-934254-23-3

Immer mehr Kinder werden weltweit geboren, die bereits mit einem neuen Bewusstsein zur Welt kommen und somit Verhaltensweisen an den Tag legen, die „anders“ sind. Ava Minatti, selbst Mutter von zwei “neuen” Kindern, erzählt von ihren persönlichen Erfahrungen in der Schwangerschaft, bei der Geburt und im Alltag mit diesen Kindern und bietet viele praktische Anregungen, Übungen und Meditationen. Mit Botschaften aus der geistigen Welt, u.a. von Engeln und des Aufgestiegenen Meisters Hilarion.

Ava Minatti

Elfen, Feen und Zwerge - Vom Umgang mit der Anderswelt

144 Seiten, broschiert, ISBN 3-934254-45-4

Ava Minatti schildert ihre Begegnungen mit der Fee Irina und weiteren Wesen aus der Anderswelt, die uns Menschen daran erinnern, wie wichtig es ist, wieder phantastisch und phantasievoll zu sein, um so unsere Schöpfungsmacht erneut nutzen und leben zu können. Irina spricht davon, dass die Zeit des Erwachens beider Reiche, der Menschen wie der Naturgeister, gekommen ist, was zu einer fließenden Kommunikation mit der Anderswelt und einem Sichtbarwerden der feinstofflichen Wesen für jeden Menschen führen wird.
Ein Kapitel ist der sagenumwobenen Insel Avalon gewidmet, in dem Merlin und Morgana le Fay selbst zu Wort kommen.
Dieses Buch richtet sich an alle Menschen, die ihren Umgang mit dem Feen- und Zwergenreich vertiefen möchten, als auch an jene, die an einem achtsameren und bewussteren Umgang mit Menschen, Tieren, Pflanzen und feinstofflichen Wesen interessiert sind.

Antan Minatti

Kiria Deva und das Kristallwissen von Atlantis

160 Seiten broschiert, ISBN 3-934254-34-9

Kiria Deva, eine Kristallwesenheit, hat sich bereit erklärt, die schwere Bürde des Machtmissbrauchs und Untergangs, die auf dem Begriff Atlantis liegt, mit ihrer Schwingung zu heilen. Dieses Buch richtet sich daher an alle, die sich auf dem Weg des Heilwerdens befinden und bei der Mitgestaltung des Neuen Zeitalters aktiv mithelfen wollen. Viele einfache Übungen und Anregungen begleiten uns mit gechannelten Texten und Informationen zu Kristallen, fünfdimensionalen Farben und anderen Themen und helfen uns, Verbindungen und Heilung herzustellen mit Teilen unseres Selbst, mit dem Reich der Pflanzen und Tiere, dem Reich des Blauen Volkes, mit Wesen der Inneren Erde und dem Bewusstsein von Mutter Gaia.

Claire Avalon

Channeling –
Medien als Botschafter des Lichts

128 Seiten, broschiert, ISBN 3-926374-73-X

Claire Avalon schreibt – witzig und anschaulich – über ihre praktische Arbeit als Medium der Großen Weißen Bruderschaft und spricht u.a. folgende Themen an: Die Grundlagen des Channelings, physische und psychische Voraussetzungen auf beiden Seiten, Karma und Reinkarnation, Umgang mit dem Karma; Vertrauen und Beweise; Fragen und Antworten.
Im letzten Kapitel werden die Aufgestiegenen Meister und Lenker der Sieben Strahlen vorgestellt und kommen mit jeweils einer eigenen Botschaft zu Wort: El Morya, Konfuzius, Rowena, Serapis Bey, Hilarion, Nada und Saint Germain.
Eine wichtige Einführung in die wunderbare Zusammenarbeit mit den geistigen Ebenen.

Julia V. Alefelder

Das alte Wissen der Kristalle -
Die Brücke zu 55 Edelsteinen

164 Seiten, broschiert, ISBN 3-934254-59-4

Für Julia V. Alefelder sind Kristalle eine Brücke zur geistigen Welt, über die sie Botschaften unserer Brüder und Schwestern von der „anderen" Seite des Vorhangs erhält. Und so ist aus ihrer innigen Liebe zu den Kristallen ein sehr berührendes Buch mit tiefen Weisheiten und Wahrheiten entstanden, denen sich niemand entziehen kann. Der Weg über die Regenbogenbrücke ins Licht ist immer offen. Es liegt nur an uns, ob wir ihn beschreiten möchten.